(2007년 대부흥운동을 꿈꾸며...)

아름다운 한국교회
역사와 신앙

저자 김성천

추천사(하나)

조국교회의 성숙한 미래를 향한 의미 깊은 역사강론

한국교회의 아름다운 신앙의 유산을 정리하여 소개하는 일은 매우 의미 있고 소중한 사명입니다. 이 일은 단순히 학자들만의 몫이 아닌 우리 모두가 감당하여야 될 중요한 책임입니다. 한국교회 지도자들은 이천 년 기독교회의 역사는 물론 이거니와 지난 120년 동안의 조국교회의 역사 속에 흘러온 신앙의 유산들을 자신들도 이해하여야 하며 성도들에게도 깨우칠 수 있는(안목을 열어주는) 일을 게을리 해서는 안 될 것입니다.

본서의 저자이신 김성천 목사님께서 그와 같은 시도를 하신 것은 한국교회의 성숙한 미래를 위하여 바람직한 일이 아닐 수 없습니다. 김성천 목사님은 이 책에서 기독교와 민족운동을 비롯하여 1907년 평양대부흥운동, 주기철 목사님과 손양원 목사님의 순교적 신앙, 평신도를 깨우는 제자훈련사역, 1970년대의 민족복음화운동, 그리고 기독교의 대사회적 책임에 이르기까지 중요한 주제들을 교회사적 안목을 가지고 목회자뿐만 아니라 평신도들까지도 쉽게 이해할 수 있도록 집필하셨습니다.

본서는 단순하게 읽혀지는 교회사 서적이 아닙니다. 저자는 이 시대를 살아가는 영적지도자로서 조국교회의 성숙을 향한 뜨거운 충정에 몸부림치는 심정으로 깊이 고민하며 기술하였습니다. 크리스천의 역사의식을 깨우치려는 사명감과 책임감을 통감하게 하는 강론들이 곳곳에 그대로 배어있어 더욱 본서의 가치와 의미를 더해주고 있습니다. 특별히 1907년 대부흥운동의 백 주년을 앞둔 시점에서 출간하게 됨을 기쁘게 생각합니다. 이 땅의 부흥을 사모하며 거룩한 꿈을 함께 꾸는 일에 이 책이 귀하게 쓰임받기를 간전하게 바라는 마음으로 추천합니다.

2006. 3. 20
총신대학교 신학대학원
역사신학교수 박용규 박사

추천사(둘)

민족복음화를 꿈꾸는 자들에게

인류 역사의 최대의 인물이나 사건은 시저나 징기스탄이 아니며 르네상스나 공산혁명도 아니고 1·2차 세계대전도 아닙니다. 예수 그리스도의 사건이 인류 역사를 AD와 BC로 구분케 하는 분수령을 만들었습니다. 미국은 역사상 최대의 힘을 창조한 나라입니다. 그 힘의 비결은 하나님을 믿는 기독교신앙이었습니다.

우리 나라도 민족의 주권을 서서히 상실해 가던 어둡고 암울한 시기인 1885년 4월 5일 제물포항에 언더우드와 아펜젤러 선교사가 도착하면서 복음 역사가 시작되었습니다. 사도 바울을 싣고 간 배가 구라파를 변화시켰듯 고요한 아침의 나라에 이름 없이 빛 없이 복음을 들고 찾아 온 선교사들에 의해 민족의 역사가 새롭게 쓰여지기 시작했습니다. 교회를 세우고, 학교를 세우고, 병원과 복지원을 세우고, 인권과 민주주의와 신학문을 전수해 주었습니다. 그들은 우리보다 한글의 우수성을 먼저 깨달아 한글보급과 언문일치운동을 주도했습니다. 한국의 근현대사에 한국교회만 큰 영향력을 끼친 종교는 없습니다.

특히 민족의 위기 때마다 구국 기도의 횃불을 들었습니다. 미국 사회의 위기가 극복되는 배후에 언제나 뜻 깊은 기도가 있었듯이 우리 민족의 위기시마다 구국의 기도가 있었고 민족복음화의 뜨거운 성령행전이 있어 왔습니다. 이제 21세기 기독교의 중심 무대가 한국으로 옮겨 오고 있습니다. 지난 120년 동안 우리 한국사회의 근대화는 기독교 복음화 운동과 발걸음을 같이 진행되어 왔습니다. 그 아름다운 역사의 발자취를 엮어 출판하게 된 것을 축하드립니다. 김성천 목사님은 전남 동부권의 대표적인교회인 여수제일교회를 담임하고 있는 새로운 시대를 이끌고 갈 준비된 목회자입니다. 신앙의 가문에서 출생하여 한국교회 아름다운 신앙의 전통과 맥을 전수받은 목회자입니다. 그는 초년 목사시절 대학과신학교에서 후학들을 위하여 신학 교육에 힘써왔고 이제는 목회 현장에서 탁월한 리더십을 발휘하고 있는 영성과 지성을 겸비한 목회자입니다. 한국교회의 뜨거운 회개운동과 복음화를 염원하는 심정으로 본서를 집필하신 저자에게 뜨거운 마음으로 치하하고 싶습니다. 1907년 대부흥운동의 일세기를 앞둔 시점에서 한국교회의 신앙과 역사를 한눈에 꿰뚫어 볼 수 있는 저서가 출판됨을 거듭 축하드리며 기쁜 마음으로 추천합니다.

2006. 3. 17
한국대학생선교회 총재 김준곤 목사

저자 서문

아름다운 조국 교회의 부흥을 꿈꾸는 자들에게

우리 한국인의 정체성은 한의 문화이며 정적인 문화로 볼 수 있습니다. 한국교회의 신앙의식 역시 주님을 사랑하는 강도높은 헌신과 민족복음화의 뜨거운 열정이 그 특징이라고 말할 수 있습니다. 구한말 국운이 쇠퇴해가던 역사의 어두운 때에 하나님께서는 우리의 조국에 복음의 빛을 허락해 주셨습니다. 선교사들과 초대 한국교회 지도자들은 구국신앙운동을 중심으로 민족복음화를 위하여 고군분투하며 정진해 왔습니다. 특별히 평양을 중심으로 전국각지에 번져 갔던 1907년 대부흥운동은 한국교회 신앙을 말씀과 기도의 수레바퀴 위에서 성장할 수 있는 건강한 교회 초석을 형성시켜 주었습니다.

이제 1907년 부흥운동이 일세기를 맞이하는 새역사 창조의 전환점에 우리 모두가 직면하고 있습니다. 1907년 평양대부흥운동에 대한 기념비적인 연구도서가 이미 출판되었고 이곳저곳에서 각종 신앙부흥 세미나들이 봇물처럼 터져 나오고 있습니다. 지난 120년 동안 신앙의 선배들이 물려주었던 기쁘고 감격스러운 모습과 안타깝고 아쉬웠던 모습들을 살펴보는 역사의식이 담긴 신앙부흥회를 갖게 되었습니다. 2005년 가을철 저자가 시무하고 있는 여수제일교회에서 "아름다운 한국교회"라는 주제로 한주간 동안 저녁과 새벽기도회를 통하여 12편의 강론을 하게 되었습니다. 한주간 지나가는 개교회 집회 메시지로 흘려보내기에는 너무 아쉽다는 주변 목회자들과 성도들의 격려에 힘입어 부족한 졸저가 빛을 보게 되었습니다. 본서는 미래 아름다운 조국교회 부흥을 꿈꾸는 젊은이들과 영적지도자들에게 빛나는 신앙의 선구자들의 모습을 유산으로 물려주고자 하는 갈망으로 집필케 되었습니다.

  본서가 태동 되기까지 인도해 주신 하나님께 모든 감사와 영광을 돌립니다. 항상 기도와 사랑으로 격려해 주시는 노부모님(김홍래 목사님, 문지순 사모님)과 정성규원로 목사님께 감사드립니다. 특별히 지난 세기 한국 지성사회 복음화의 기수이시며 민복복음화의 선구자이신 C.C.C 김준곤 총재님께 깊은 감사를 드립니다. 본서의 집필을 위하여 귀한 자료들을 인용할 수 있도록 허락해 주심과 추천의 글을 기쁜 마음으로 허락해 주심에 대하여 다시 한 번 뜨거운 감사를 드립니다. 1907년 평양대부흥운동에 관한 한국교회사 연구에 기념비적인 업적을 남기신 박용규 박사님께서 본서의 내용을 검토해주시고 추천의 글을 써주심에 대하여 무한한 영광으로 생각합니다. 무엇보다도 여수제일교회의 당회원들과 3천여 명의 온 성도들에게도 그들의 사랑과 격려와 기도에 힘입어 본서가 탄생하게 됨을 감사드립니다. 지난 23년 동안 조용하게 목사의 아내로 헌신의 내조를 아끼지 아니한 사랑하는 아내(김정길 사모)와 세 딸들(은영, 지영, 광영)에게도 고마움을 전하고 싶습니다. 본서가 태동 되기까지 수고를 아끼지 아니한 은혜출판사 장사경 사장님과 편집부 직원들, 바쁜 와중에서도 본서의 내용을 살펴 주시고 조언을 주신 역사학자이신 문인현 목사님께도 감사의 뜻을 전하고 싶습니다.

아름다운 다도해가 바라보이는 목양실에서
김성천 목사

contents

제 1 강

기독교와 민족운동 (느 1:1~11) _ 15

제 2 강

1907년 대부흥운동 (요일 3:23~24) _ 41

제 3 강

한국교회에 나타난 하나님 나라 이해 (마 4:17) _ 63

제 4 강

읽사각오의 신앙 (에 4:16) _ 77

제 5 강

사랑의 원자탄 (마 5:43~44) _ 99

제 6 강

환난 중에 얻게 된 보화 (마 13:44) _ 121

제 7 강

할 수 있다 하신 이는 (요삼 1:2) _ 135

제 8 강

민족의 가슴마다 복음을 (롬 10:15) _ 151

제 9 강

인류의 가슴마다 복음을 (행 1:8) _ 171

제 10 강

평신도를 깨운다 (마 28:18~20) _ 187

제 11 강

한국교회와 사회윤리 (요삼 1:4) _ 203

제 12 강

2007년 대부흥운동을 꿈꾸며 (느 8:1~18) _ 215

아름다운 한국교회
역사와 신앙

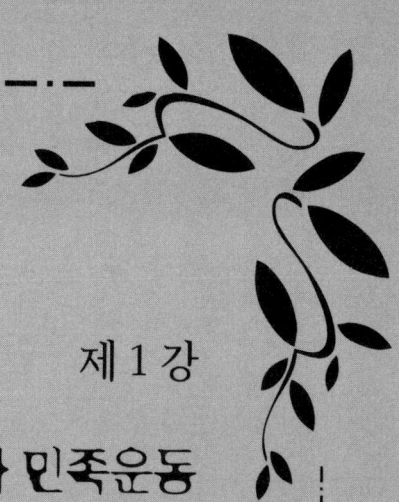

제 1 강

기독교와 민족운동

(느 1:1~11)

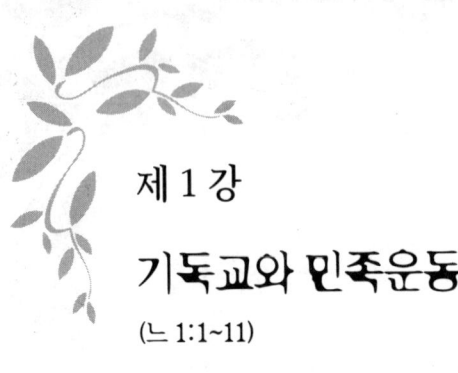

제 1 강
기독교와 민족운동
(느 1:1~11)

✽ 신앙의 선구자들은 민족을 위한 눈물의 지도자들이 었습니다

"기독교에는 국경이 없지만 크리스천에게는 조국이 있다."라는 내촌 감삼의 말이 있습니다. 크리스천들은 어느 시대 어느 나라에 살든 국가가 위기에 처했을 때 민족을 구원하는 일에 앞장섰던 애국자들이었습니다. 이집트의 왕자 모세는 그 당시 가장 뛰어난 문명 대국이었던 애굽의 궁궐에서 성장하였습니다. 모세의 양어머니인 공주의 이름은 핫셉슈트였습니다. 그 여인은 무남독녀로서 공주였기 때문에 자신이 왕이 될 수 있었음에도 불구하고 왕위를 자신의 남편에게 양보하였던 현숙한 여인이었습

니다.

그녀에게는 딸이 한 명 있었는데 일찍 죽었기 때문에 모든 사랑을 전적으로 모세에게 기울인 것 같습니다. 모세는 궁중교육인 군사교육, 역사교육, 웅변술 등을 배웠습니다. 모세의 미래는 앞길이 온전히 보장된 상태였습니다. 자신이 원하기만 하면 어쩌면 높고 높은 애굽의 왕좌도 도전해 볼만한 가정적인 분위기가 조성되어 있었습니다. 그러나 모세는 나이 사십에 그 모든 부귀영화의 권력을 한 순간에 거절하고 광야의 양치기로 생애의 놀라운 변신을 하게 됩니다. 그것은 동족, 히브리 백성들이 노예로 고통 당하는 것을 외면할 수 없기에 자신의 부나 명예와 성공을 민족 구원이라는 대사명과 바꾸게 되었기 때문입니다.

본문에 등장하는 느헤미야 역시 바벨론의 포로민 2세로 민족적인 암울한 시기에 출생하여 포로민으로서는 보기 드물게 성공한 인물이었습니다. 그는 아닥사스다 왕의 의전 실장에 해당되는 대단한 권력을 지닌 자로 성공 가도를 달리고 있었습니다. 그러나 두고 온 고국의 성벽이 훼파되고 무너져 간다는 슬픈 소식을 듣고서 수일 동안 하나님 앞에서 금식하며 눈물을 적시며 기도하였습니다. 수많은 사람들은 자신의 외로움과 설움 때문에 눈물을 흘리게 됩니다. 느헤미야는 자신이나 부모형제, 또는 자식을 위하여 애통하며 금식하거나 눈물을 흘리지 않았습니다. 느헤미야의 눈물은 민족과 조국의 안타까운 상황 때문에 흐르는 눈물이었습니다. 눈물의 선지자 예레미야도 조국을 위하여 울었습니다. "처녀 내 백성의 파멸을 인하여 내 눈에 눈물이 시내처럼 흐르도다"(예레미야 애가 3:48).

우리 구주 예수그리스도께서는 감람산을 넘어오시다가 예루살렘을 보시면서 "예루살렘아 선지자들을 죽이고 네게 파송된 자를 돌로치는 자여 암탉이 제 새끼를 날개 아래 모음같이 내가 너희의 자녀를 모으려 한 일이 몇 번이냐 그러나 너희가 원치 아니하였도다 보라 너희 집이 황폐하여 버린바 되리라"(눅 13:34~35)고 통곡하셨습니다. 도산 안창호선생도 나라의 운명이 기울어져 가는 모습을 보고서 가슴을 치며 우셨다고 합니다. 한 번은 안창호선생이 일본헌병과 경찰들을 피하여 평안도 어느 시골집에 은둔하고 계실 때였습니다. 그는 그날 밤 잠자리에서 비단 이부자리를 부둥켜 안고 "내 동포, 내 형제 그리고 애국의 동지는 망국의 한을 품고 이밤도 이억만리 해역에서 노숙하고 떨고 있는데 나는 편안한 잠자리에 있구나."라고 하면서 잠못 이루면서 눈물을 흘렸다고 합니다. 민족을 사랑하기에 우리 크리스천들은 하나님 앞에서 민족구원을 향한 뜨거운 눈물을 흘려야 될 것입니다.

✽ 구한말 무너져 내려가는 조국의 안타까운 모습을 보면서 믿음으로 구국운동을 벌였던 한국 초기 교회의 신앙의 전통과 유산이 우리 한국교회에 있었습니다

19세기 말경 한국의 정세는 다사다난하였습니다. 잇달아 일어나는 혁신운동을 비롯하여 민비와 대원군의 암투와 세도가문과 연결된 당파들의 권력싸움 때문에 정치 상황은 자주 바꾸어졌습니다. 여러 당파들은 제각각 위태로웠습니다. 통상조약을 통하여 세계 열강들은 한국을 이미 경제적으로 침투하기 시작하였습니다. 한국 경제는 심각한 타격을 입게 되었습니다. 그 중에서도 중국과 일본의 제품들이 국내시장의 대부분을 차지하였습니다. 이런 상황 가운데 가장 심각한 고통을 받는 계층은 농민들이었습니다. 양반 관리들의 부패와 수탈에 드디어 농민들이 봉기를 들고 일어났습니다. 1894년 전라도 고부 땅에서 동학당이 봉기를 들고 일어났습니다. 그 불길이 전국의 농민들에게로 번져갔습니다. 정부군만으로는 이 농민반란을 진압하기가 벅차서 청나라에 원병을 요청했습니다. 그렇지

않아도 조선 땅에 세력을 구축하려고 애쓰고 있던 청나라는 절호의 찬스를 놓치지 않고 3천 명의 군사를 파견했습니다. 이에 뒤질세라 청나라와 경쟁관계에 있던 일본은 즉각 7천 병력과 군함 7척도 파송했습니다. 두 나라의 병력이 한국에 도착했을 때 동학란은 이미 평정되었습니다. 그 결과 청일전쟁이 터졌던 것입니다(1894~1895). 청일전쟁의 무대는 한국이었기에 그 전쟁은 한국민들을 더욱 고통 속으로 휘몰아 가는 계기가 되었습니다. 청일전쟁은 일본의 승리로 막을 내렸습니다. 자연스럽게 친일 내각이 구성되었습니다. 그들은 급진적으로 개화정책을 추진했지만 백성들의 반일 감정만 자극하였습니다. 그 틈새를 이용하여 반대파에서는 러시아를 등에 업은 친러파 이완용과 이범진이 정권을 장악하였습니다. 그 배후에는 민비의 후원이 있었습니다. 새로 부임한 일본공사는 일본 자객들을 궁궐로 침입시켜서 민비 즉 왕후를 시해케하므로 조선정부를 무력케 하였습니다. 이처럼 지도계층의 부정부패로 인하여 동학란이 일어났으며 그 후유증으로 청일전쟁이 발생하였습니다. 뒤이어 민비 왕후가 시해되는 그야말로 무너져 내려가는 구한말의 안타까운 상황 가운데 기독교의 복음은 요원의 불길처럼 번져가게 되었습니다. 민족의 위기상황 가운데서 기독교복음이 급속하게 전파된 것은 구국신앙운동 때문이었습니다. 일국의 왕이 거니는 궁궐에 일본 자객이 침투하여 왕비가 시해되자 가장 먼저 고종황제에게 뛰어왔던 사람들은 대신들이 아닌 기독교의 선교사들이었습니다. "내 이웃을 내 몸처럼 사랑하라"는 기독교정신에 입각하여 선교사들은 위기에 처한 고종황제의 생명을 보호하고 지키는 일에 최선을 다하였습니다. 신변의 불안을 느낀 고종황제가 러시아 공관으로 피신하게 되었습니다. 그 위기의 피난기간 동안 에비슨 선교사는 왕의 음식에 독약이라도 섞이지 않았는지를 점검할 정도였습니다. 언더우드 선교사는 왕을 자주 찾아 뵙고 위로하였습니다. 선교사들은 왕을 보호하기 위하여 불침번까지 담당하였습니다. 이 사건은 소위 춘생문 사건으로 알려졌습니다.

임금과 국가에 대한 사랑의 운동은 마침내 애국적인 시위운동으로 번져가게 되었습니다. 1895년 북 장로교 선교보고서에는 다음과 같은 글들이 실려 있었습니다. "한국교회가 지닌 가장 흥미있는 양상 중의 하나는 애국심입니다. 우리의 해안선은 어느 날 늦게 북쪽 땅에 우리를 내려놓았습니다. 강 언덕마을로 이씨는 우리의 눈을 돌리게 하였습니다. 대나무 끝에서 조그마한 한국 국기가 휘날리고 있었습니다. 이 깃발들은 기독교인들의 집이나 교회 위에서 휘날리는 것이었습니다. 주말이면 국기를 그들의 집이나 교회 위에 띄운다는 것은 선교사들의 아무런 지시도 없이 기독교인 사이에 일어난 실천이었습니다."라는 보고처럼 초기 기독교는 애국적인 신앙심으로 뭉쳐 있었습니다. 그러한 신앙의식은 한국의 전통적인 충효사상과도 맞물려 있어서 일반 백성들과 지도계층 인사들에게도 친근하게 다가갈 수 있었습니다.

기독교의 애국 운동은 구한말의 정치단체를 결성할 정도로 강렬하였습니다. 가장 대표적인 두 단체는 협성회와 독립협회이었습니다. 독립협회는 한말 독립주의를 고양한 민간단체로 2년 정도 활동하다가 해산되었습니다. 하지만 그 영향력은 20세기 초까지 미쳤습니다. 독립협회의 핵심 인물인 서재필, 윤치호, 남궁억 선생 등은 철저한 크리스천이었습니다. 특별히 독립협회의 지회 가운데 상당수는 교회조직을 중심으로 구성되었습니다. 평양지회는 한석진, 방기창, 길선주, 김종성, 안창호 등 초대 한국교회 지도자들이 중심인물이 되어서 설립되었습니다. 위기 가운데 처한 민족을 건지기 위해서 기독교인들은 기도 운동을 전개하였습니다. 느헤미야는 무너진 조국의 성벽에 대한 슬픈 소식을 접하고 애곡하고 통곡하는 눈물로만 그치지 아니 하였습니다. 그는 울고난 뒤 하나님을 향하여 갈급하고 간절한 기도의 무릎을 꿇게 되었습니다(느 1:4~5).

초기 한국의 기독교 신자들 역시 온 국민과 함께 나라의 처참한 운명을 슬퍼하고 고통했을 뿐만 아니라 이제는 전능하신 여호와 하나님 앞에 기울어가는 조국의 국권회복을 위하여 기도하기 시작했습니다. 특별히 일본이 한국을 병합하기 전에 많은 수의 한국백성들이 기독교인이 되었습니다. 그 이유는 기독교 신앙을 통해서 국권을 회복할 수 있다는 믿음 때문이었습니다. 당시 한국백성들은 기독교 신앙을 갖는 것은 곧 구국 운동이 됨을 뜻할 정도이었습니다.

개국개화의 물결이 격류가 되어 흐르게 되었을 때 보수파의 거물급 지도자로 알려진 민영익은 캐나다선교사 게일(Gale)을 처음 만난자리에서 다음과 같이 호소했습니다. "한국을 위해 기도해 주시오. 아무도 우리를 도와줄 수 없겠으나 하나님 그분은 도와주실 수 있을 것입니다. 우리 나라는 그 앞길이 불안합니다." 기독교의 본질은 국가, 민족의 독립과 자유를 주는 종교는 아닙니다. 그러나 구약에 나타난 메시아 관념이 한국의 국민들에게는 독립이념의 에너지로서의 역할을 하였던 것입니다. 기독교의 여호와 하나님께서는 이스라엘 민족역사의 위기 때마다 지도자를 세우셨는데 그들은 하나님의 힘에 의해서 모든 적들을 이길 수 있었기 때문입니다.

이스라엘 백성들이 국권을 상실하고 바벨론에 포로로 끌려가게 되었을 때 예언자들을 통해서 전달된 구원의 메시지가 이스라엘 민족의 소망이었습니다. 구한말 기독교 역시 국권을 상실해 가고 있던 한국민족의 소망이었습니다. 을사조약이 맺어졌던 해인 1905년 11월 전국의 장로교, 침례교, 감리교가 연합으로 위국 기도회를 개최했습니다. 그때 기도문의 내용은 다음과 같습니다. "만국의 왕이신 하나님이시여! 우리 한국이 죄악으로 침륜에 빠졌으며 오직 하나님밖에 믿을이 업사와 우리가 일시에 기도하오니 한국을 구원하사 전국 인민으로 자기 죄를 회개하고 다 천국백성이 되어 나라가 하나님의 영원한 보호를 받아 지구상에 독립국이 확실케 되어 주심을 예수의 이름으로 비옵나이다." 당시 나붙은 격문가운데 "우리는 아침에 기도하고 낮과 밤에 기도하며 주일에 금식합시다. 나의 겨레여, 우리 강토는 어떻게 될 것입니까?... 희망을 잃지 마십시오, 우리는... 외칩시다. 죽음을 두려워하지 마십시다. 우리가 죽더라도 우리의 먼 후손은 자유의 축복을 받을 것입니다." "희망을 상실하지 않았던 유일한 부류의 한국인"이란 격문은 신앙을 통한 구국이념의 강력한 의지를 보여주고 있음을 느낄 수 있습니다. 구한말의 기독교 학교에서는 "주의 군대여! 앞으로 가자" "다 깨라 주의 군대여" "십자가 군병들아"와 같은 독립을 향한 약간은 호전적인 천송가를 불렀으며 선교사들은 설교를 통해 "하나님의 도우심으로 국권 회복의 날이 반드시 올 것"을 강론했습니다. 제2차 세계대전 때 30만의 영국 군은 프랑스 해안 던커크에서 독일군대에 포위되어 살아날 가망이 전혀 없었다고 합니다. 이때 영국 왕 조지 6세는 전 국민에게 기도하기를 호소했습니다. 처칠 수상도 웨스트민스터 대성당 성가대 석에 앉아서 하루종일 부르짖으며 기도를 드렸다고 합니다. 놀라운 사실은 온 백성들이 왕과 수상을 비롯하여 하나님께 울부짖으며 기도로 매달리게 되었을 때 그 기도가 하늘 문을 열고 응답되었던 것입니다. 전에 없었던 폭풍우가 휘몰아치기 시작한 것입니다. 독일군의 탱크가 구렁텅이에 빠지게 되었으며 독일의 전투기도 단 한대도 뜰 수 없게 되었던 것입니다. 이때 영국의 군함들과 상선들이 총동원되어서 포위되어 있었던 30만 명의 영국 군대를 무사하게 구출할 수 있었습니다. 영국 군대가 전몰 당하지 않고 무사하게 귀국할 수 있었던 것은 영국 국민의 기도를 들으신 하나님께서 도움의 손길을 허락하셨기 때문에 가능했습니다.

✱ 위기에 빠진 민족을 구원하기 위해서 기도만 한 것으로 끝나지 아니하고 구체적인 행동들이 뒤따랐습니다

느헤미야는 무너진 성벽으로 인하여 울면서 금식하며 기도만 하지 않았습니다. 무너진 성벽을 재건하기 위한 구체적인 활동이 시작되었습니다. 한국의 초기 개신교회 성도들도 국권을 상실해 가는 민족의 비참한 모습을 보면서 기도만 하지는 않았습니다. 민족의 국권을 회복하기 위하여 구체적인 행동이 뒤따르게 되었습니다. 김구 선생은 "할 일을 찾는 백성은 흥하고 원망할 것을 찾는 백성은 망하게 된다."고 말씀하셨습니다. 그는 "나는 감옥에서 뜰을 쓸고 유리창을 닦을 때마다 우리 나라가 독립하여 정부가 생기거든 그곳의 뜰을 쓸고 유리창을 닦는 일을 해보고 죽게 하옵소서."라고 하나님께 기도했다고 합니다. 을사조약이 발표되자 기독교신자인 최재학, 이시영 등은 평양에서 상경하여 조약철폐를 주장하는 격문을 뿌리고 7월 27일에는 대한문 앞에서 을사오적의 처단을 요구하는 시위를 주도하다가 일본 경찰들과 충돌하여 70여 일간 구금당하였습니다. 1919년 3.1독립운동을 주도했던 민족대표 33인 가운데 16명이 기독교신자이었습니다.

그 당시 한국의 전체 인구는 1,700만이었는데 개신교인은 불과 1.3%에 불과한 219,220명이었습니다. 그렇지만 만세운동으로 옥고를 치른 9,456명 중에 2,033명이 기독교신자이었습니다. 기독교인들의 구국독립운동은 행동적인 시위뿐만 아니라 경제적인 면에서 구체화되어 나타났습니다. 통감부 아래에서 징수되는 각종 세금의 납부를 거부하는 세금불납운동, 신설된 시장세의 철폐운동 및 국채보상운동에 적극적으로 참여하였습니다. 경제적인 독립을 위하여 기독교인들은 국산품애용운동, 물산장려운동, 무실역행운동 등을 활발하게 전개하였던 것입니다.

〈서울의 독립문〉

✱ 민족운동에 끼친 개신교의 문화적 영향

한국의 초기 개신교는 구국신앙운동을 중심으로 민족운동의 선구자 역할을 감당하였습니다. 앞서 살펴본 바대로 국채보상운동과 물산장려운동 등을 중심으로 경제적인 측면에서의 독립운동에 공헌을 하였습니다. 한국초기 개신교가 민족운동에 끼친 보다 큰 영향은 문화적인 면이었습니다. 성서번역을 통한 민족문자 재발견과 한글성경보급을 통한 민족문자의 정착운동은 민족의식 형성의 문화적 지반을 다지게 하였습니다.

(1) 성서번역과 문족문자의 재발견

한자, 한문의 굴레를 벗어나서 한글만으로 글자생활을 펴가려는 노력은 천주교에서도 교리서 번역을 통하여 이미 시도되었습니다. 안타깝게도 여러 차례의 박해로 인하여 천주교 교리서들은 한글의 대중화에 기여할 수가 없었습니다. 그보다는 개신교의 성서의 번역이 한글대중화의 선구자로서 지대한 영향을 끼칠 수 있었습니다. 문화사적으로 의의를 갖는 것은 1882년에 간행된 국문판 성경입니다. 이것은 만주의 우장에 머무르고 있던 스코틀랜드 연합장로교의 선교사 존 로스(John Ross)목사와 매

킨타이어(Mackintyre)목사 그리고 로스목사의 어학선생인 이웅찬, 백홍준, 김진기 등이 합동하여 1875년에 착수하고 1882년에 역간된 「누가복음」입니다.

　문법서도 없는 상황에서의 성서번역은 현대어로서의 우리 국문 형성의 개척자적인 사명을 수행한 것으로 평가받고 있습니다. 수신사의 일원으로 일본에 건너간 이수정은 일본인 크리스천 지성인 쯔다셍을 만나서 기독교인이 된 후 세례를 받고 성서번역을 시작하여 1884년 「마가복음서」를 번역하였습니다. 국문학자 김윤경은 "그들은 전도하기 위하여 한글로 번역하여 우민, 남녀노소에게도 그 성경을 읽히기 위하여 한글을 가르치며 자녀를 모아 교육하되 종래의 유교교육과 같이 순 한문으로 하지 아니하고 순 한글로 하였습니다. 마침내 기독교가 한글의 가치를 천명하여 광채를 세계적으로 발휘하게 함이 큰 공적을 끼친 것입니다."(김윤경, 조선어문자급어학사 p22-23)라는 글로서 기독교의 성서번역의 가치는 민족문자의 재발견이란 측면에서 높이 평가하고 있습니다. 춘원 이광수도 후일에 조선 문학이 건설된다면 신구약 성경번역이 제1면으로 기록되어야 마땅하다고 주장하였습니다.(이광수, 전집17권. 야소교의 조선에 준 은혜)

(2) 성서보급과 민족문자의 정착

성서번역을 출발점으로 기독교 출판 사업은 활발하게 전개되었습니다. 한글로 출판이 된 모든 기독교서적들을 매개체로 하여 한글은 명실공히 민족문자로써 뿌리를 내리게 되었습니다. 1893년 「야소교서회」 설립을 계기로 하여 많은 기독교서적들이 한글로 발간되었습니다. 기독교의 문서보급의 활동은 민족문자의 정착을 가져왔다고 외솔 최현배는 다음과 같이 평가하였습니다. "유교의 경전을 공부한 한학자들의 한문에 대한 존중의 마음을 가짐과 같이 기독교성경을 공부한 대중이 한글에 대한 존중의 생각을 품게 된 것은 또한 자연스러운 심리라 할 것이다. 하나님의 말씀이 나타나있는 한글성경책이 귀중한 것으로 인식되었다. 수 백 년 동안 암문이니 암글이니 규방문자니 하여 천대받던 한글이 이제 기독교의 교리를 적게 됨으로 말미암아 일약 사서삼경의 한자 같은 지위를 얻게 된 것이다. 그 뿐만 아니라 일제가 그 말기에 다 달아서는 우리 말, 우리 글을 정책적으로 아주 말살하려고 악랄한 수단을 취하였을 적에 우리의 학교에서 한글과 우리 말이 사라지고 심지어 거리와 집안에서까지 우리 말 우리 글이 그 자연스런 노릇을 하지 못하게 되었을 적에 오직 기독교의 교회에서만 성경이 한글로 적히고 목사의 설교가 배달말로 유창하게 흐르고 찬송가의 가락이 배달 사람들의 정서를 그대로 전파하였으니 우리 말 우리 글의 수호의 공을 기독교에 인정하여야 마땅하노라."라고 한 평가는 매우 의미 있는 관찰이라고 생각됩니다.(최현배, 한글과 문화. 조신권, 한국문화와 기독교 p66 재인용) 한일합병 당시 자신의 이름도 쓸 줄 모르는 문맹자는 90%이었습니다. 1930년대에 이르러 한국의 문맹비율은 50%였습니다. 그 중에 기독교인으로서 문맹자는 25% 이하이었습니다. 그 이유는 기독교선교 초기부터 성서를 한글로 번역해서 읽을 수 있도록 한글을 가르쳤기 때문이었습니다.

✱ 민족운동에 끼친 개신교의 사상적 영향

(1) 보편주의 사상과 민권의식의 형성

개신교가 구한말 민족운동에 끼친 큰 사상 중의 하나는 자유평등사상입니다. 즉 하나님의 질서 안에는 빈부귀천이나 남녀의 차등이 없는 하나님 앞에 만민이 평등하다는 보편주의 사상입니다. 이는 "유대인이나 헬라인이나 종이나 자유자나 남자나 여자 없이 다 그리스도 예수 안에서 하나이니라"(갈 3:28)는 성경말씀의 원리인 것입니다. 장로교신조 제5조에서는 "하나님이 사람을 남녀로 지으시되 자기의 형상대로 지식과 의와 거룩함으로 지으사 생물을 주관하게 하셨으니 세상 모든 사람이 한 근원에서 나왔은즉 다 동포요 형제다."라고 하여 인류 동포주의를 나타내고 있습니다. 이러한 기독교의 보편주의 사상은 당시 철두철미하게 봉건적인 신분제 사회였던 한국의 백성에게 근대시민으로의 형성에 커다란 작용을 하였을 뿐만 아니라 민족운동에도 큰 자극제가 되었습니다. 개신교의 민주적이고 평민적인 보편주의 사상은 대중사회에 깊숙하게 자리 잡고 있었던 양반과 천민의 계급의식을 타파하게 되었습니다. 가장 심각한 도전을 받은 것은 남존여비 사상이었습니다. 그 당시 여성은 남성과 동등한 대우를 받지 못했습니다. 기독교회가 전파하는 남녀평등의 교훈은 남존여비사상을 무너뜨리는데 기여를 하게 되었습니다. 독립협회를 조직하고 독립신문의 사장으로 활약한바있는 서재필은 1897년 12월 31일 정동 예배당에서 남녀를 같은 학문으로써 교육하며 동등권을 주는 것이 가하다라고 강론하였습니다. 또한 크리스도신문 교회통신란에서는 "부부가 서로 존대 말을 쓸 것과 한자리에서 식사 할 것을 결정"하였다고 보도하였습니다. (크리스도신문, 오권 이십오호)

(2) 유일신 사상과 타 이념(신사참배)의 거부

성경중심의 한국초기 개신교의 주류적 흐름은 칼빈주의 신학에 기초한 "신의 영광론적 예정론"과 상통하는 신학이었습니다. "하나님은 한 분 뿐이시니 오직 그만 경배할 것이다. 하나님은 신(神)이시니 스스로 계시고 아니 계신 곳이 없으시며 다른 신과 모든 물질과 구별되시며, 그 존재와 지혜와 권능과 거룩하심과 공의와 인자하심과 진실하심과 사랑하심에 대하여 무한하시며 변하지 아니 하신다."(대한예수교장로회헌법 신조 2항)고 하여 절대적인 존재로서의 하나님의 성품을 설명하면서 경배의 대상은 오직 하나님 한 분 뿐이심을 주장하고 있습니다. 개화기 지식인으로서 소설가였던 안국선은 "만물창조의 목적이 하나님의 영광을 드러내기 위함이었다."(조신권, 한국문학과 기독교 p191 재인용)고 주장하였습니다. 이와 같은 하나님 영광중심의 신앙사상은 보수적인 초기 선교사들에 의하여 한국교회에 자연스럽게 전래되었습니다. 한국교회가 신사참배 반대로 장로교 계통의 대부분의 학교들은 잡종학교로 전락되었습니다. 강경파학교들은 강제 폐교 당하거나 자진하여 문을 닫게 되었습니다. 신사참배 거부를 통한 항일운동은 기독교계학교에서만 전개된 것은 아니었습니다. 주기철 목사는 「전도의 사명」이란 글에서 우상숭배 즉 신사참배의 가증함을 막기 위해서라도 전도해야 된다고 주장하였습니다. 신사참배 거부운동은 신앙운동의 성격을 넘어선 항일 민족사적 의미를 지니고 있었습니다. 이 운동이 표면화된 것은 1930년대이지만 그 사상적 골격형성은 초기선교 때이었습니다. 감리교에서 비해 장로교가 더 많은 반대를 했던 것은 "신의 영광론적 유일신 사상" 때문이었습니다.

✲ 교훈과 적용

　미국이 새 헌법을 제정하기 위하여 헌법제정회의가 필라델피아에서 소집되었습니다. 그들이 의견의 일치를 보지 못하고 서로 분열되어 퇴장하려고 할 때 벤자민 프랭크린이 다음과 같이 주장했습니다. "여러분 잠깐만 기다리십시오. 이 나라는 하나님을 믿는 신앙으로 탄생된 국가입니다. 우리 모두 다같이 무릎을 꿇고서 하나님께 기도드립시다. 하나님께서 이 어려운 궁지 가운데서 문제에 대한 해답을 주실 줄로 믿습니다." 그들이 무릎을 꿇고 기도하게 될 때 나누어진 마음들이 하나로 뭉칠 수 있게 되었고 불후의 역사적 문서인 미합중국의 헌법이 제정될 수 있었습니다. 구한말에만 우리 사회가 무너져 내린 것만은 아닙니다. 지금 이 시대 우리 한국사회는 이곳저곳에서 무너져 내려가는 모습을 보게 됩니다. 최근 십여년 동안의 역사를 보십시오. 삼풍백화점이 붕괴되었으며, 성수대교가 무너졌습니다.

대구 지하철공사장이 붕괴되었을 뿐만 아니라. 최근에는 가정들이 무너져 내려가고 있습니다. O.E.C.D 가입국가 중에서 이혼률 2위를 기록하는 부끄러운 나라가 되고 말았습니다. 임신 가능한 여성의 20%가 향락산업에 종사하는 도덕과 양심이 무너져 내려가는 소돔과 고모라와 같은 붕괴직전의 조국의 모습을 우리 모두는 직면하고 있습니다. 우리 모두는 무너져 가는 이 안타까운 조국을 어떻게 구할 수가 있겠습니까? 미국의 저명한 사상가인 헨리소로우는 "다수의 사람은 육체로 국가에 봉사하지만 소수의 사람은 두뇌로 국가에 봉사하며 극소수의 사람만이 양심으로 국가에 봉사한다."라고 말하였습니다. 우리 크리스천들은 양심보다 더욱 귀한 신앙으로 조국을 위하여 봉사할 수 있어야 할 것입니다. 하나님 앞에 올바른 신앙으로 무장한 국가치고 망한 민족공동체는 없었습니다. 요한 웨슬레와 휫필드에 의해서 영적 부흥운동이 일어나게 되었을 때 도덕적으로 영적으로 무너져 내려갔던 영국은 다시 한 번 소생하여 번영을 누리게 되었습니다. 루터의 종교개혁 운동은 약소국 독일을 유럽 최대의 강대국으로 부흥 발전케 하였습니다. D.L무디에 의한 미국의 영적 각성운동 역시 신생국 미국을 20세기에 이르러 세계 최대의 강대국가로 부흥 발전시키게 되었습니다. 먼저 교회에서 영적인 대부흥운동이 일어나야 합니다. 우리 기독교인들부터 삶이 변화되어야 합니다. 음란하고 타락한 삶으로부터 거룩하고 성결한 삶을 사는 기수들이 되어야 합니다. 국가에 대해서는 정확하게 납세의 의무를 감당하고 자녀들을 병역기피자로 만들어서는 아니 될 것입니다. 한동안 국가의 지도 계층의 자녀들이 국방의 의무를 감당하지 않아서 사회적 문제가 된 적이 있었습니다. 거짓과 부정부패를 척결하는 데에 크리스천 공직자들과 성도들이 정직한 삶의 모습으로 앞장서야 될 것입니다. 그렇게 될 때 한국의 교회는 좌절과 허무와 쾌락과 거짓에 병들어 있는 이 민족과 사회 앞에 꿈과 희망을 줄 수 있을 것입니다. 부패한 민족사회를 정화시키는 이 땅의 소금이 될 것입니다. 어두운 민족공동체를 빛나는 정의롭고 정직한 민족공동체로 새롭게 변화시킬 수 있는 이 시대의 등대가 되며 빛이 될 수 있을 것입니다.

< 장대현 교회 최초의 당원들과 길선주 목사 >

함께 생각해 봅시다.

1. 느헤미야는 포로민 출신으로 세계 최대의 국가에서 왕의 의전 실장에 해당되는 고위 관료로서 성공적인 인생을 영위한 자임에도 불구하고 흐르는 눈물이 있었습니다. 느헤미야의 슬픔의 배경은 무엇입니까?

2. 대원군의 쇄국정책으로 서구 열강에 대하여 부정적인 생각을 갖고 있었던 우리 민족이 기독교에 대하여 우호감을 갖게 된 결정적인 역사적 사건은 무엇입니까?

3. 국권을 상실해가고 있었던 구한말에 기독교를 열렬하게 환영하게 된 것은 구약에 나타난 어떤 사상이었을까요?

4. 한국의 초기 개신교회는 나라를 위하여 위국 기도회를 가졌을 뿐만 아니라 건전한 시민 운동을 전개하였습니다. 기독교가 앞장서서 참여하였던 경제적인 독립운동은 무엇이었습니까?

5. 타락하고 부패한 시대에 교회가 먼저 깨어나서 회개의 기도 운동을 전개할 때 하나님께서 민족사회에 주시는 축복은 무엇일까요?

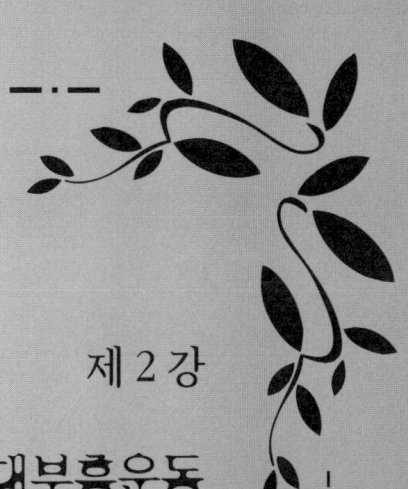

제 2 강

1907년 대부흥운동

(요일 3:23~24)

제 2 강

1907년 대부흥운동

(요일 3:23~24)

❋ 1907년 대부흥운동의 역사적 신학적 배경

복음이 한국사회에 전래되었던 시기는 민족의 암흑기였습니다. 1894년에 일어난 동학난의 실패는 결국 청일전쟁을 불러일으켰고 급기야는 1904년 러일 전쟁으로 발전되었습니다. 여기에 국제정세는 일본이 유리하게 진행되었습니다. 미국은 러시아 세력의 침투를 막기 위하여 일본이 한국을 지배하는 것이 오히려 나을 것으로 간주하여 미, 일 사이에 태프트(Taft) 비밀협약을 1905년 7월에 맺었습니다. 영국도 1905년 9월 영일동맹을 결성하여 일본의 한국에 대한 보호조치를 승인하였습니다. 1895년부터 1910년까지의 한국 내의 정치정세는 비운의 연속이었습니다.

1895년은 을미사변이 일어났습니다. 이것은 배일 친러정책으로 정권의 방향을 바꾸게 하였습니다. 그 결과 민비 황후가 일본의 자객에 의해 살해당했으며 신변에 위협을 느낀 고종황제는 궁궐을 빠져나와서 러시아공관으로 거쳐를 옮기게 되었습니다. 국왕의 권위는 땅에 떨어지게 되었습니다. 청일전쟁을 승리로 이끈 일본은 1905년 1월에 이등박문을 파견하여 을사조약을 맺음으로써 한국의 외교권은 완전히 박탈당하게 되었습니다.

이어 일본의 통감은 한국의 내정에 일일이 간섭할 수 있는 권한을 정식으로 갖게 되었습니다. 이것이 '한일신협약' 이었습니다. 한일신협약을 맺던 1907년 8월에는 겨우 9천 명 정도밖에 안되는 한국 군대를 완전히 해산하였습니다. 한국은 방위력이 전혀 없는 허수아비 나라가 되고 말았습니다. 이러한 일본 제국주의의 한일합병 과정은 상대적으로 한국민족 안에 내재하고 있는 민족 의식을 불러일으키게 되었습니다. 민족의 독립을 염원하였던 지도계층 인사들과 백성들은 구원의 종교인 기독교를 더욱 의지하게 되었습니다. 그 결과 일본이 한국을 병합하기 전에 많은 수의 한국인이 기독교인이 되었습니다.

교육구국과 부국강병의 방편으로 신앙을 영접한 한국의 기독교인들은 그들의 기도가 좌절되자 새로운 신앙운동이 싹트이게 되었습니다. 김양선교수는 초기 개신교회 부흥운동의 한 원인을 다음과 같이 설명하였습니다.

"하나님은 그들의 기도에 외면하셨습니다. 기도가 응답되지 않았을 때 기독교인들은 먼저 자기 반성을 하게 됩니다. 하나님의 축복을 받지 못하는 것은 그 이유가 하나님께 있지 않고 언제나 자신에게 있음을 잘 알고 있기 때문입니다." 그 이유는 무엇일까요? 신자들은 자기들의 신앙을 검토해 보기 시작했습니다. 이렇게 하여 초기 개신교회의 대부흥운동은 시작되었던 것입니다.

한국의 오순절이라 할 수 있는 초기 부흥운동은 오늘날의 복음적인 한국교회의 기틀을 형성시켜 주었습니다. 그 당시 한국교회를 섬겼던 선교사들의 청교도적 사상이 적지 않을 정도로 크게 영향을 주었습니다. 한국교회가 미국 선교사들에 의해서 세워졌기 때문에 미국교회의 영향과 신앙유산이 자연스럽게 계승되었기 때문입니다.

그 중에서 특별히 장로교회는 미국 선교사들의 신학적 영향을 강하게 받았습니다. 미국 장로교회의 한국선교사 연례 보고서(1922년)에 의하면 그 당시 한국에 40명의 선교사들이 있었습니다. 그들 대부분은 프린스톤

신학교, 멕코믹신학교, 무디 성경학교 출신들로서 그들 100%의 출신학교들이 보수적인 신학교였습니다. 1907년 대부흥운동이 일어났던 당시만 하더라도 장로교회뿐만 아니라 감리교회 선교사들까지도 보수적인 신학사상이었다고 총신대학교 신학대학원의 박용규교수는 그의 저서「평양대부흥운동」에서 주장하고 있습니다. 한국장로교회의 개척 선교사이며 평양신학교 설립자인 마포 삼열 박사는 "나는 조선에 와서 복음전도 시작하기 전에 하나님 앞에 기도하고 결심한 바 있었습니다. 이 결심은 내가 이 나라에 십자가의 도 외에는 전하지 않기로, 오직 하나님의 그 뜻대로 죽든지 살든지 구원의 복음을 전하기로 굳세게 결심하였습니다. 바울이 청년 목사 디모데에게 부탁함과 같이 나도 조선에 있는 원로 선교사와 노인목사를 대표하여 조선 청년 목회자에게 말합니다. "다른 복음전하면 저주를 받을 것이요, 말할 기회 많지 않은 데 딴 복음을 전하지 말기를 간절하게 바랍니다."라고 사도적 정통신앙의 계승을 후배 목회자들에게 간곡하게 당부하는 메시지를 한국선교 50주년 기념설교로 하였던 것입니다. 평양신학교 조직신학교수인 이율서 박사는「종교와 경전」이란 논설에서 "나는 종교와 경전의 관계는 절대적이라고 봅니다. 마호멧교가 코란을 버리면 더 이상 마호멧교가 아니요, 인도교가「베다」를 버리면 다시 인도교의 정통파가 될 수 없습니다. 그와 마찬가지로 기독교가 성경을 믿지 아니하면 그때부터 기독교가 될 수 없는 것입니다.

성경의 문자나 절귀를 고친다든지 해서는 아니 됩니다. 원형 그대로 보유하고 그 정신을 그대로 발휘하지 아니하면 아니 됩니다."라고 성서 무오설을 강력하게 주장하였습니다. 한국교회가 성경 중심적인 보수적인 정통교회로 뿌리를 내리게 된 또 다른 배경은 네비우스 선교정책이었다고 곽안련 선교사는 주장하고 있습니다. 초기 한국교회 선교사들은 대부분 목회나 선교 경험이 전혀 없는 20대 청년목사들이었습니다. 그때 중국 산뚱성에서 선교활동을 하고 있었던 존 리빙스톤 네비우스가 1890년 2월에 서울을 방문하여 2주 동안 세미나를 인도하였습니다. 그 세미나에 기초하여 소위 네비우스 선교정책이 한국교회의 기틀을 형성시켜 주었습니다. 곽안련 선교사는 네비우스 선교정책의 핵심이 자립, 자치, 자전에 있는 것이 아니라 성경공부에 있었음을 지적하고 있습니다. 즉 성경공부의 구체적인 구현이 결국은 자립, 자치, 자전을 가능하게 만들었다고 주장하고 있습니다. 1890년대 네비우스 선교정책이 처음 채택되었고 10여 년이 지난 다음 한국교회는 성경의 규례와 말씀의 객관성을 강조하였습니다. 그 결과 성경공부와 부흥사경회를 통하여 급성장할 수 있었습니다.

1903년 원산 부흥운동과 1907년 평양대부흥운동의 신학적 기초는 성경과 사경회 중심에 있었음을 깨닫게 됩니다.

✹ 평양대부흥의 불씨가 된 원산 부흥운동

19세기 말과 20세기 초는 한국교회가 영적으로 새롭게 출생된 시기이면서도 동시에 한국교회의 최대의 위기의 시대였습니다. 한국은 정치, 사회, 종교적인 심각한 도전을 맞고 있었습니다. 국가 주권의 상실은 경제 상황을 더욱 악화시켰습니다. 물밀듯이 밀려드는 외래문화 역시 한국사회의 존립 자체를 위협하고 있었습니다. 동학란과 청일전쟁으로 인한 정치적 혼란은 민중을 동요시키기에 충분하였습니다. 청일전쟁으로 인한 한국 북부지역의 피해는 막대했습니다. "약 수 마일의 시골지역이 황야로 변했으며 전쟁터로부터 날아오는 악취로 오염될 만큼 평양은 황폐화되었다."고 게일 선교사는 그의 저서 「코리안스케치」에서 회고하였습니다.

1894년은 조선에서 가장 어두웠던 암흑기이었습니다. 1895년에 발생한 콜레라는 한국인들에게 더욱더 위기의식을 심어주었습니다. 특별히

1904년에 발생한 러일전쟁은 정치, 경제, 사회, 종교전반을 혼란과 무질서의 상태로 몰아넣고 말았습니다. 그런데 그와 같은 환난과 역경의 시대에 영적 각성운동이 시작되었습니다.

영적 각성운동을 촉발시켰던 가장 두드러진 사건은 남 감리교 선교사 하디의 영적인 회심이었습니다. 1903년 8월 원산에서 활동하고 있었던 남 감리교 소속 의료선교사 하디가 성령의 감동을 받고서 사역의 실패가 자신의 교만과 성령 충만하지 못한 데 있었다는 사실을 공개적으로 고백하였습니다. 그의 회개와 참회는 한국교회 성도들로 하여금 자신들의 문제점을 발견하고 기도의 무릎을 꿇게 하였습니다. 스코트랜드 혈통의 하디는 1805년 6월 11일 캐나다 몬타리오 할디만에서 출생하여 21세인 1886년 토론토대학교 의과대학에 진학하여 1890년에 졸업하였습니다.

남 감리교
의료 선교사 "하디"

그가 은둔의 나라 한국에 관심을 갖게 된 것은 1888년 토론토대학 Y.M.C.A 대표로 한국에 파송된 제임스 게일 때문이었습니다. 1890년 9월 사랑하는 아내 켈리와 함께 한국에 파송된 선교사 하디는 부산과 원산에서 의료선교를 하다가 1901년부터 강원도 통천 지방에서 개척선교사로 3년 동안 선교 활동을 했지만 선교의 결실은 거의 없었습니다. 그와 같은 상황에서 1903년 8월 24일부터 30일까지 열린 기도회 기간 중에 처음에는 선교사들 앞에서 그리고 나중에는 주일 오전예배 시간에 한국성도들 앞에서 공개적인 눈물의 회개고백을 하였습니다. 그의 회개내용은 민족적 우월감, 성령님의 도우심을 의지하기 보다는 자신의 능력과 학력과 실력을 의지한 교만심, 한국인을 미개한 민족과 무식한 백성으로 생각하는 자만심이었음을 솔직하게 토로했습니다. 참된 죄의 고백과 회개 후에 성령이 충만하게 임하면서 평강과 기쁨이 그에게 찾아왔습니다. 하디가 공개적으로 자신의 교만과 죄들을 고백하게 되니 주변에 회개운동을 일으키는 불씨가 되었습니다. 주일 오전예배 축도가 끝나자마자 오개월 전에 예수를 믿기 시작했던 진천수(존로스 박사의 한국어 선생)가 자신의 죄악들을 고백하게 되었습니다. 그는 자신이 무지해서 아내를 죽게 만들었다고 공개적으로 자신의 죄를 통회했습니다. 그가 19세 되던 해 그의 아내는 수개월 동안 병을 앓다가 세상을 떠났습니다. 그는 아내가 외롭게 사투하는 동안 내내 술을 마시며 방탕한 죄를 지었다고 회개했습니다. 원산지방에서 양반가문 출신의 공개적인 회개는 듣는 성도들로 하여금 놀라운 감동을 주었고 회개운동의 불씨가 되었던 것입니다. 원산부흥운동이 한참 확산되고 있던 1903년 가을 어떤 사람이 물건을 훔친 것을 고백하고 배상하겠다고 약속했습니다. 그곳에 모인 청중들이 그의 죄를 용서하여 대신 그것을 하나님께 드리게 되었습니다.

✱ 평양대부흥운동의 특징들

(1) 말씀과 기도를 중심한 영적 각성운동

평양부흥운동의 발단은 1907년 1월 2일부터 평양 장대현교회에서 열린 남자 사경회였습니다. 헌트 선교사는 "평양사경회는 성령의 임재를 간절히 사모하는 기도와 간구 속에서 시작되었다."고 회상하는 글을 남겼습니다. 1907년의 평양사경회는 이미 원산에서 시작된 각성운동으로 말미암아 그 전과는 비교할 수 없을 정도의 영적인 큰 기대감과 은혜를 사모하는 간절함 가운데 시작되었습니다. 보통 남자 겨울 사경회는 약 800명 정도 참석하였는데 1907년 겨울의 경우 약 1000명이 참석한 가장 큰 규모의 사경회이었습니다. 참석자들 가운데서는 심지어 360리를 걸어오기도 하였습니다. 대부분의 참석자들은 2주간의 사경회에 참석하기 위해서 영하 수십 도를 오르내리는 혹한과 싸우며 거친 산과 거친 들을 넘어서 포장되지 않은 시골길을 도보로 걸어온 자들이었습니다. 더구나 그들은 사경회 장소까지 오는 교통비는 물론 사경회에 참석하는 동안에 필요한 식사와 숙박비 일체의 비용을 자신들이 부담할 정도이었습니다. 그래서 대부분의 참석자들은 사경회가 진행되는 동안 자신들이 먹을 쌀을 등에 메고 참석했습니다. 사경회는 관례에 따라 성경공부와 기도에 주력했습니다. 오후에는 평양 각지로 흩어져 전도하였고 매일 특별 전도집회가 열렸습니다. 1500명을 수용할 수 있는 평양 장대현교회는 매일 저녁 은혜를 갈망하는 한국의 남자성도들로 가득 채워졌습니다. 저녁 집회는 시간이 지나면서 성령의 임재를 갈망하는 열기로 점차 달아오르기 시작했습니다. 1월 6일 주일 저녁 집회가 끝날 무렵는 처음으로 성령의 역사가 나타났습니다. 저녁 집회에 모인 모두를 통회와 회개기도로 몰아넣는 공개적인 죄의 고백이 있었습니다.

〈1907년 부흥회가 열렸던 평양 장대현 교회〉

저녁 집회만 은혜로운 것은 아니었습니다. 교사들이 성경을 가르치기 위해 성경공부 반에 들어갔을 때 그곳에 모인 성도들은 말씀을 통하여 놀라운 도전을 받고서 회개하는 눈물로 눈가가 가득히 젖게 되었습니다. 성령의 놀라운 은혜가 임하자 자신들의 죄악이 얼마나 무서운 것인가를 깨닫게 되었습니다. 성령의 강권적인 역사 앞에서 죄악의 치부가 송두리째 드러나게 되었습니다. 성령의 빛이 비추자 과거 어둠 속에서는 보이지 않았던 죄악의 광란이 적나라하게 드러나게 되었습니다. 평양 부흥운동은 그야말로 내면에 숨겨진 온갖 죄악들을 다 드러내는 영적 각성운동이었습니다.

(2) 인격적인 회개의 열매를 맺는 사경회

언더우드 선교사의 아내 릴리아스가 지적한 것처럼 평양대부흥운동의 특징은 철저한 회개운동 이었습니다. 성령께서 죄인의 심령에 역사 하셔서 아무리 작은 죄라도 감추어 놓고 있으면 견딜 수 없게 되었습니다. 회개하는 성도들이 종종 바닥에 뒹굴거나 슬픔에 사로잡혀 무섭게 경련을 일으키기도 했습니다. 죄 없으신 주님께서 자신을 위해 죽기까지 사랑하신 십자가의 은혜를 깨닫게 되었습니다. 그들은 주님의 사랑과 용서를 깨달았을 때 천국의 평강과 기쁨을 소유할 수 있었습니다. 그들의 회개는 눈물만 흐르고 입술로만 죄를 고백하는 것으로 그치지 않았습니다. 도둑맞은 물건들이 되돌아오게 되었습니다. 돈도 되돌려 받을 수 있었으며 오랫동안 갚지 않았던 빚이 청산될 수 있었습니다. 부정한 행동과 방법들이 하나님의 말씀의 도전 앞에 회개하고 용서받게 되었습니다. 올바른 크리스천의 삶의 모습으로 궤도를 수정할 수 있었습니다. 평양부흥운동은 우리의 가슴과 심령에만 메아리치는 감정적인 회개운동으로 끝나지 아니했습니다. 성도들의 손과 발의 행동들이 거룩한 모습으로 변화되는 인격적이며 실제적인 회개운동으로 한국교회와 사회를 변화시키게 되었습니다.

(3) 죄용서와 화해로 이어지는 사랑의 열매맺는 부흥운동

1906년 한국교회 대 부흥이 시작하기 전 영국의 웨일즈에서 대각성운동이 일어났습니다. 웨일즈 부흥운동의 특징은 공적인 기도를 인도하는 대표 기도자만 기도하지 않았고 모인 모든 성도들이 타인을 의식하지 않은 채 큰 소리로 통성으로 회개하며 기도했습니다. 1907년 평양부흥운동 역시 온 성도들이 큰소리로 일시에 기

도하는 통성기도로 시작되었습니다. 천오백 명의 성도들이 일시에 큰소리로 기도하는 가운데 성령님의 임재를 경험할 수 있었습니다. 통성기도가 끝난 후에는 사회자가 찬송인도를 하였고 집으로 돌아가기를 원하는 자들은 귀가해도 된다는 광고를 했습니다. 하지만 밤을 지새우면서 기도하는 것도 허락되자 육백 명 정도의 성도들은 교회당에서 밤을 새우며 통성기도하다가 오순절에 임했던 성령님의 강한 은혜를 체험하게 되었습니다. 그 다음날 저녁집회 역시 설교가 끝나자 통성기도가 이어졌습니다. 기도 후에는 공개적인 죄의 고백들이 쏟아져 나왔습니다. 한국교회 성도들은 자신들의 죄뿐만 아니라 나라를 빼앗았던 일본인들을 미워하는 마음을 회개했습니다. 심지어 선교사들이 교만하여 조선 성도들을 무시하는 태도에 나쁜 감정을 갖고서 미워했던 마음까지도 함께 고백했습니다.

선교사들도 자신들의 교만과 한국백성들을 무시하였던 죄들을 고백하였습니다. 성도와 선교사들이 서로 용서하고 화해하는 놀라운 사랑의 공동체를 이루는 기도운동이 전개되었습니다. 특별히 교회의 장로로서 평신도들에게 막강한 영향력을 행사하면서 서로 증오하고 싫어하면서 자연스럽게 교회분파를 형성했던 두명의 평신도 지도자들이 서로 하나가 될 수 있었습니다. 강모 성도와 김모 성도가 성령님의 인도하심으로 자신들의 죄악과 미움을 자백하면서 서로가 얼싸안고 용서해주는 모습들을 보이면서 교회는 온전히 그리스도의 사랑으로 하나가 될 수 있는 계기를 마련하게 되었습니다.

✸ 평양대부흥운동의 열매들

(1) 폭발적인 교회부흥과 성장이 뒤따랐습니다

1907년 평양대부흥운동이 시작되면서 그 부흥의 불길이 전국 각지로 번져가게 되었습니다. 서울과 개성, 대구, 강화, 제물포, 서천, 해주, 영변, 재령, 공주 등 전국 각지에서 부흥운동을 경험하게 되었습니다. 그 결과 1900년에 7,500명에 불과했던 세례교인의 숫자는 1910년에 119,273명이었고 1936년에는 341,700명으로 급성장하게 되었습니다. 1907년 부흥운동 이후 소위 백만 명 구령운동 등의 민족복음화 부흥운동이 계속되었기 때문이었습니다. 특별히 평양신학교 제1회 졸업생으로 한국 최초의 7인 목사가 탄생되는데 그 중에 당시 장로로서 훗날 한국교회 지도자가 된 길선주 목사는 평양대부흥운동을 출발점으로 20세기 미국의 빌리그레햄 목사를 능가할 만한 한국교회 영적 각성부흥운동의 기수로 쓰임 받게 되었습니다. 역시 평양신학교 제1회 졸업생으로 목사가 되었던 이기풍 목사는 예수 믿기 전 평양시내에서 이름난 깡패이었습니다. 그는 전도하는 마포삼열 목사님의 뺨을 후려쳤던 인물이셨는데 신학공부를 마친 후 목사가 되었습니다. 그는 평양대부흥운동이 후 자원하여 제주도에 선교사로 파송 받아 제주 복음화의 기수가 되셨습니다.

"이길함" 선교사

장대현 교회
"이성석" 청년

(2) 교회부흥운동은 타락해 가고 있었던 한국사회를 건강하게 변화시키는 원동력이 되었습니다

웨일즈 부흥운동에서 나타났던 것과 같은 건강한 사회로의 변화가 평양대부흥운동 이후 한국사회에서도 발견되게 되었습니다. 웨일즈 부흥

운동으로 1905년 술주정뱅이가 60%나 감소되었고 죄수는 40%가 감소되었습니다. 대부흥운동 이후 선교사들은 한국교회에 다음과 같은 절제운동 및 사회 개혁원칙을 제시하고 지도하므로 한국교회와 성도들의 신앙과 삶을 보다 건강하게 발전 될 수 있었습니다.

① 주일성수가 성도들의 기본적인 신앙으로 자리 잡히게 되었습니다.
② 치료의 수단으로 처방을 내린 환자 외에는 그 어느 누구도 어떤 형태, 어떤 종류의 술을 마셔서는 안 된다. 어떤 교인도 술을 제조하거나 판매해서는 아니 된다.
③ 신자와 불신자의 결혼은 삼가야 하며 성도들은 신부를 돈을 주고 사서도 아니 된다. 18세 이전의 남자와 16세 이전의 여자의 결혼도 삼가야 한다.
④ 교인들에게 모든 형태의 노름과 마작은 절대적으로 금한다.
⑤ 교역자의 흡연은 절대적으로 금하며 정식으로 소속되지 않은 교우일지라도 흡연은 삼가야 한다.
⑥ 교인은 노예를 소유해서는 안 되며 만약 현재 교인이 노

예를 소유하고 있다면 석방해야 한다. 과부의 인신매매는 도저히 용납할 수 없는 죄악이다. 그런 일에 관계되는 교인들은 권징에 넘겨져 책벌을 받게 될 것이다. (박용규, 평양대부흥운동 p476~477)

부흥운동이 확대되면서 축첩과 조혼, 노비제도가 폐지되었고 노름, 음주, 흡연에 빠진 자들이 정상적으로 회복되게 되었습니다. 그러므로 평양대부흥운동은 성도들의 신앙성장뿐만 아니라 한국사회 자체를 건강하게 변화시키는 전인 구원, 전인 치유의 원동력이 되었습니다.

(3) 대부흥운동은 우상숭배에서의 해방을 가져다주었습니다

한국인들 가운데 가장 보편적인 신앙은 정령숭배, 곧 에니미즘 신앙입니다. 하늘, 천둥, 나무, 산, 그리고 호랑이가 신격화 되었습니다. 하늘로부터 비가 내리고 자신들이 가꾸는 곡식의 성공이 거기에 의존하기 때문입니다. 천둥은 자신들을 향한 분노한 신의 음성으로 들었습니다. 나무는 피곤하고 지친 노동자들에게 쉼터를 제공하므로 경배의 대상이 되었습니다. 호랑이는 자신들보다 강력한 힘을 소유했으므로 섬김의 대상이 될 수 있다고 생각 하였던 것입니다. 한국인들의 전통적인 종교사상 즉 에니미즘이나 정령숭배 또는 유교나 불교의 전통종교들은 기독교수용의 순기능과 역기능의 역할을 동시에 작용했습니다. 득실을 비교한다면 실이 더욱 많았다고 총신대의 박용규 교수는 지적하고 있습니다. 기독교인과 전통종교의 연속성을 주장할 때 자칫 기독교의 유일성이 파괴되고 혼합주의로 흐를 가능성이 크기 때문입니다. 다행스러운 일은 초기 선교사들이 전통종교와의 타협을 시도하지 않았다는 사실입니다. 학습과 세례문답을 할 때에는 반드시 우상숭배나 조상숭배를 더 이상 하지 않겠다는 다짐을 받았습니다. 부흥운동이 전국을 강타할 때 성령의 역사가 강력하게 임재하심으로 인하여 심지어 무당들도 주님께로 돌아오는 경우가 흔하게 있었습니다. 주일오전 장년예배 900명에 달하는 인천의 재물포 감리교회는 세 군데의 수요예배 기도 처소 가운데 하나가 과거에 귀신의 집으로 사용되었던 곳이었습니다. 오랫동안 유교의 굴레 속에서 조상숭배의 노예로 전락된 한국인들이 대부흥운동을 통하여 우상숭배의 굴레로부터 자유케 되는 엄청난 변화를 경험하게 되었습니다. 한 한국인조사는 자신이 섬기는 선교사에게 다음과 같은 고백을 하였습니다. "나는 내가 오십 년 전에 살지 않은 것이 얼마나 감사한지 모르겠습니다. 그때 사람들은 이와 같은 새로운 것을 전혀 볼 수도 없었고 또 우리가 지금 알고 있는 하나님을 알 수도 없었으며 교회의 성장도 없었습니다. 그들은 유교사상을 가지고 있었으나 그것으로 죄를 없이 하는 것은 너무 힘들어 거의 불가능하였고 마음의 평안이 없었을테지요. 이제 우리는 죄 사함을 받을 수 있고 또 위대한 평안을 소유하였습니다."(박용규, 평양대부흥운동 p490 재인용) 복음의 능력을 경험한 한국초기 성도들은 이제 담대하게 정령신앙이나 조상숭배를 단절하고 오직 하나님만 의지하는 성숙한 신앙인으로 성장할 수 있었습니다.

함께 생각해 봅시다.

1. 1907년 평양대부흥운동의 역사적, 신학적 배경에 대해서 생각해 봅시다.
   ① 역사적 배경은 우리 민족이 주권을 상실해가게 되었던 국제 정세와 깊은 관련이 있습니다.
   ② 신학적 배경은 초기 한국교회에 복음의 씨앗을 뿌렸던 미국 선교사들의 출신학교의 신학적 성향과 깊은 관련이 있습니다.

2. 네비우스 선교정책이 한국교회에 정착하게 된 동기와 그 정책이 구체적으로 한국교회 성장에 어떠한 영향을 끼치게 되었으며 1907년 부흥운동과는 어떤 연관이 있는지 살펴 봅시다.
   ① 네비우스 선교정책이 도입된 동기는 초기 한국교회 선교사들의 연륜이 짧은 사역자들이므로 선교사로서 연륜이 깊은 존 리빙스톤 네비우스선교사(중국사역)를 초청하여 세미나를 개최하게 된 것이 그 동기라고 볼 수 있습니다.

② 네비우스 선교정책은 자립, 자치, 자전을 주장하므로 한국교회는 일찌기 미국교회로부터 행정적으로나 경제적으로 자립하여 성장하므로 교회가 튼튼하게 성장할 수 있는 계기가 되었습니다.

③ 네비우스 선교정책의 핵심적인 기반은 성경공부이었습니다. 자립, 자치, 자전은 성경공부의 결과로 나타났습니다. 그러한 성경공부운동이 1907년 평양대부흥운동의 기초가 될 수 있었습니다.

3. 평양대부흥운동의 불씨가 된 원산 부흥운동에 대해서 생각해 봅시다.

4. 평양대부흥운동의 특징들을 생각해 봅시다.

5. 평양대부흥운동의 열매들은 무엇이었습니까?.

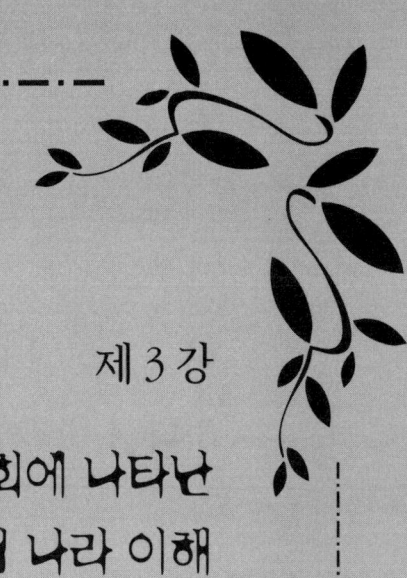

제 3 강

한국교회에 나타난 하나님 나라 이해

(마 4:17)

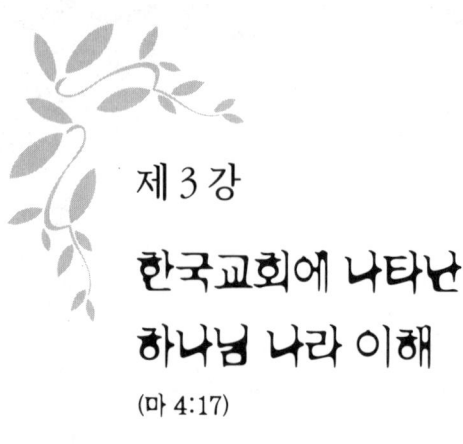

제 3 강

한국교회에 나타난 하나님 나라 이해

(마 4:17)

✽ 시작하는 글

오늘날 한국교회의 신학과 신앙의식의 문제점은 지나친 양극화에 있습니다.

소위 사두개적 전통에 유사한 자유주의와 바리새적 전통에 가까운 보수주의의 대결입니다. 사두개적 전통에 가까운 오늘날 한국의 자유주의 신학은 이제 "구원은 인간화"라고 주장합니다. 그리스도의 구속사역에 근거한 초자연적 하나님 나라의 소망 대신에 이 땅에 "사회구조악"이 제거되고 "인간성 상실"의 문제가 해결되어 인간이 인간답게 사는 세상이 되면 그것이 바로 구원이요 그러한 사회가 하나님의 나라라고 생각합니다.

　한편 바리새적 전통에 가까운 보수주의 교회들은 건전하던 정통신학의 수호운동이 차츰 경직되어 하나의 "부정적 사고방식"으로 변질되어 버렸습니다. 신학적 패쇄주의와 교리적 축소주의로 복음의 의미를 개인의 영혼구원에만 초점을 맞추고 노력합니다. 교회와 세상을 상호 대립적인 이원론적인 것으로 구별하여 성도의 문화적 사명을 외면합니다. 이는 하나님 나라의 이해가 지나치게 미래 면에만 집착하고 있기 때문입니다. 그와 같은 한국교회 양극화의 원인을 한국교회사 학자 김양선 목사는 성경관의 차이로 보고 있으며 김의환 박사도 같은 입장에서 한국교회 분열의 원인을 규명하고 있습니다. 물론 성경관의 차이는 신학적 방향을 좌우하므로 한국교회 양극화의 빠뜨릴 수 없는 원인이 됩니다. 그러나 한국교회 역사상에 나타난 신앙운동의 현상들을 살펴볼 때 또 하나의 문제가 제기됩니다. 한국에 복음이 전래되고 정착되는 시기에 일어났던 두 가지 신앙운동, 즉 민족운동과 부흥운동이 하나님 나라를 어떻게 이해하였느냐에 따라서 오늘날 한국교회는 내재신학과 초월적인 신학으로 양극화되는 분기점을 갖게 되었기 때문입니다.

✱ 하나님 나라 현재면에 치우친 민족운동

　개신교 전래 당시의 한국초기교회는 하나님의 주권에 대한 믿음이 대단하였습니다. 구한말 국운이 쇠퇴하고 나라의 주권이 상실되어가던 그 시절에 기독교는 한국 백성들 모두의 소망이었습니다. 그들은 전능하신 하나님께 기도하면 하나님께서 민족 독립의 간절한 소원을 해결해 주실 것으로 신뢰하고 있었습니다. 을사조약이 맺어지던 1905년 11월에는 모든 교회들이 연합하여 국민들의 죄를 회개하면 국민 모두가 천국백성이 되어서 하나님의 보호를 받게 되므로 조국이 독립될 것으로 굳게 믿고 위국기도회를 개최하게 되었습니다. 즉 만왕의 왕이시며 역사의 주권자이신 하나님께 간구하면 그 하나님의 능력으로 우리 나라가 독립될 수 있다는 하나님의 주권에 대한 확신이 있었습니다. 이처럼 하나님의 왕적 통치에 대한 견고한 믿음이 있는 성도들은 적극적이며 용감한 인생을 살 수가 있었습니다. 그러한 하나님의 왕적 통치와 주권을 믿는 신앙이 개신교 전래시에는 구국을 위한 민족운동의 신앙으로 현상화 되었으며 일제 말기에는 신사참배 거부의 저항현상으로 외연화 될 수 있었습니다. 여기에 또 한 가지 가미되는 것은 정치적인 메시아 의식이었습니다. 원래 정치적인 메시아 의식의 하나님 나라 이해는 후기 유대주의의 한 분파인 열심당원에 의해서 형성되었습니다. 그 특징은 민족주의를 바탕으로 인간이 하나님과 협력해서 하나님 나라를 이룩할 수 있다는 사상이 강했습니다. 사실 한국의 초기 교회는 자유주의 신학이 전혀 뿌리를 내리지 못하였습니다. 그럼에도 불구하고 정치적인 메시아 의식의 하나님 나라 이해가 지나치게 역동적인 개념으로만 치닫게 된 것은 구약에 나타난 메시아 사상을 나라 잃은 한국의 상황에 문자적으로 적용하였기 때문입니다. 1899년의 친기독교 신문이었던 독립신문에서는 기독교 신앙이 있는 곳에 천부의 자유권이 부여되고 자유 있는 곳에 국가의 자주가 보장 된다는 신앙이 곧 국가의 근본이 되어야 한다고 주장하는 글이 실려 있었습니다. 이처럼 초기 한국교회가 맹목적에 가까울 정도로 정치적인 메시아 의식이 강하게 형성된 요인이 있었습니다. 구한말 국운이 기울어가는 그 당시의 어두운 상황에 교회가 적극적으로 대처하다 보니 Text(성경)보다는 Context(상황)쪽으로 균형 감각이 상실되었기 때문입니다. 상황화 신학의 문제점이 여기에서 대두되고 있습니다. 특정문화와 세계관을 하나님 왕국의 복음에 적용시키기보다 복음을 지나치게 문화에 적용시키려고 노력하다가 그 중심을 상실하므로 그와 같은 오류에 빠지게 된 것입니다.

✽ 하나님 나라 미래면에 치우친 부흥운동

　구국신앙운동이 곧바로 독립의 열매를 맺지 못하자 신앙원류에의 회귀, 즉 부흥운동이 일어나게 됩니다. 초기 부흥운동은 천년왕국설의 신봉자들에 의하여 주도되었습니다. 그 결과 성도들은 완성될 하나님 나라의 소망 가운데 신앙생활을 영위하게 되었습니다. 길선주 목사와 김익두 목사의 영향을 받고 부흥목사가 된 최봉석 목사의 메시지는 단순하면서도 독특한 면이 있습니다. 그는 "예수천당"이라는 간단한 외침으로 노방전도에 주력하였습니다. 그가 외친 천당은 하나님 나라의 미래면을 뜻합니다. 그가 졸업한 평양신학교의 내세관이 객관적이며 장소적인 [천당 지옥관]의 내세를 주장하기 때문입니다. 그 당시의 찬송가들을 살펴보면 죄의 심각성과 그리스도의 대속을 가능케 하신 하나님의 사랑과 천국을 대망하는 신앙으로 찬양했습니다. "예수의 높은 이름이 내 귀에 들려온 후로 전 죄악을 소멸하니 사후천당 내 것일세 귀한 성령 예수 따라 천당에 곧 올라가세 거기가 내 본향일세" 이처럼 초기 부흥운동은 죄의 회개와 더불어 하나님 나라의 미래면의 소망에 역점을 두었습니다. 그런데 초기 부흥운동에서 한 가지 간과한 점이 있었습니다. 하나님 나라는 완성이 그

목적이지만 이미 하나님의 백성이 된 성도들이 누리는 구원의 감사와 치유와 축복은 이미 시작된 하나님 나라의 현재면 즉 역사만 있다는 사실을 망각하였기 때문입니다. 특별히 초기 한국교회 부흥목사들의 강단에서는 현실냉소, 현실부정의 내용이 있는 부흥성가로 그들의 부흥집회를 결론짓고 있었습니다. 그러나 지나친 현실냉소는 성경이 가르치는 교훈이 아닙니다. 사도 바울은 "지금은 은혜 받을 만한 때요 보라 지금은 구원의 날"(고후 6:2)이라고 선포하면서 완성될 하나님 나라를 준비하는 천국의 현재면를 강조하고 있습니다. 그러기에 "현재 고난은 장차 다가올 영광과 족히 비교할 수 없다"(롬 8:18)라고 말하므로 성도의 현재적 삶의 중요성을 내세와 견주어 비교할 만큼 강조하고 있습니다. 예수님께서 가르쳐 주신 "하나님 나라 비유"를 보면 천국백성의 삶은 기쁘고 즐거운 잔치 집으로 비유되고 있습니다. 죄로 인하여 죽음의 음침한 골짜기에 빠지게 된 소망 없는 자들이 그리스도의 십자가의 은혜로 새 생명을 얻게 된 구원의 은혜를 생각하면 너무나 기쁘고 즐겁기 때문입니다. 현세부정적인 기도원 운동과 지나친 금욕주의는 성경에서 교훈하고 있는 신앙의식과는 거리가 먼 절제운동임을 기억해야 될 것입니다.

※ 하나님 나라에 대한 상반된 이해가 한국교회에 끼친 영향

길선주 목사에 의해서 시작된 부흥운동은 일제 말기 주기철 목사에 이르러 꽃 피우게 되었습니다. 일제의 신사참배 강요는 1930년대에 표면화 되었습니다. 신사참배를 끝까지 반대했던 장로교마저 1938년 9월 총회에서 불명예스러운 신사참배 의안을 통과시키고 말았습니다. 신사참배 반대로 순교의 제물이 되신 주기철 목사의 신앙은 하나님 나라 이해에 기초하고 있습니다. 그는 "구원의 즐거움"이란 설교에서 "우리에게 생명의 기쁨이 있는가, 죽음이 그 무엇이며 천당의 즐거움이 있는 자나 세상 환난이 그 무엇이리요, 구원의 즐거움이 있어 세상을 이기고 십자가를 지는 것이다…"라고 외치고 있습니다. 그의 내세 지향적인 신앙은 그가 작사한 복음찬송 '서쪽하늘 붉은 노을'에서도 잘 나타나 있습니다. 주기철 목사의 신앙에서는 그리스도 안에서의 감격과 하나님 나라의 미래면에 대한 소망이 적절하게 균형 잡혀 나타납니다. 그러나 후세 한국교회의 후예들이 그의 순교를 존경한 나머지 지나친 타계주의 천국관을 형성하게 되었습니다.

반면에 민족운동에 역점을 둔 구국신앙운동의 흐름은 유동식 교수의 「한국신학의 맥」이란 저서에서의 지적처럼 윤치호로부터 김재준으로 연결되었다고 볼 수 있습니다. 비록 김재준이 중심되어 설립한 조선신학교가 민족항쟁의 정신적 기초였던 신사참배를 외면한 치명적인 모순이 있었지만 성경의 역사적 이해에 눈을 뜨고 있었습니다. 김재준의 성서의 역사적 이해란 역사 비평학을 수용하여서 성서기록 시대의 사회 역사적 이해와 역사 비평학을 수용하여서 성서기록 시대의 사회 역사적 배경 연구만을 강조한 것은 아니었습니다. 성서가 오늘의 사회 역사적 상황에 대해서 어떤 의미를 갖고 있는가에 연구의 초점을 맞추었습니다. 즉 정치신학이라고 불리워지는 상황화 신학은 해방이후 4.19학생의거와 1960년대, 1970년대 일어난 산업선교를 거쳐 민중 신학을 탄생시켰습니다. 4.19학생의거는 안병무, 서남동이 민중 신학의 중요한 정기로 간주하지만 크게 내놓을 것이 없습니다. 그 이유는 당시 부패한 기독교 정권에서 한국교회는 무비판적인 방관만 했다고 노명식교수는 지적하고 있습니다.

본격적인 정치신학의 출발점은 도시산업 선교였습니다. 그 이론적 근원은 사회복음주의 신학, 신정통주의 신학, 해방신학, 민중 신학, 하나님의 선교 등이 복합적으로 영향을 주었습니다. 그들은 성경을 사회 경제사적인 측면으로만 이해하였습니다. 기독교에서의 인간소외는 죄로 말미암아 하나님으로부터 멀어져서 불행한 사회가 되었다는 사실을 간과하고 말았습니다. 그들이 산업선교의 현장에서 정치적인 상황으로 눈을 돌리어 시작한 신앙운동이 민중신학이었습니다. 그들의 참여신학이 가지고 있는 치명적인 약점은 초월적인 신학을 거부하는데 있습니다. 심지어 완성될 하나님 나라의 미래면 그 자체를 부인하였습니다. 그래서 안병무 교수는 하나님 나라는 민중이 주인이 되는 민중의 나라라고 규정하면서 하나님 나라의 신앙은 민중 해방운동 속에서 성육신되어야 한다고 주장하였습니다. 그들은 유대의 열심당원들처럼 자유와 정의와 평등의 새로운 사회가 이 세상의 연속선상, 즉 역사 안에서 이루어진다고 보고 있는 것입니다.

한편 길선주 목사에서 주기철 목사로 이어진 부흥운동의 정신적 맥락은 해방을 맞이하고 6.25를 겪는 전쟁의 와중에서 손양원 목사로 이어집니다. 여순 반란사건 때 공산당 학생들에게 두 아들을 잃고 6.25전쟁 중에는 그 자신이 순교하여 3부자(3父子)가 모두 순교하는 영광이 한국교회에 있었습니다. 그는 두 아들의 순교 직후 행해진 장례식장에서 "미국 유학가려고 준비하고 있었던 내 아들 미국보다 더 좋은 천국 갔으니 감사

합니다."라고 답사하였습니다. 내세지향적인 하나님 나라 이해가 그들 3부자로 하여금 순교의 꽃을 피우게 했습니다. 그러한 부흥운동의 신학적 진원지는 박형룡 박사의 신학이었습니다. 그의 신학적 기반은 철저하게 구프린스턴인데 종말론에서는 전천년설을 주장하였습니다. 그가 유학가기 전 한국교회에서 전수 받은 말세관이 전천년설이기 때문입니다. 이처럼 한국 보수교회 신앙은 개혁주의라기보다는 근본주의 신학에 더 가까운 실정입니다. 근본주의 신학은 미국교회의 자유주의를 방어하는데 지대한 공헌을 하였습니다. 근본주의 운동이 갖고 있는 아킬레스건이 있었습니다. 소위 후기 근본주의 신앙운동은 교리적 축소 주의와 성별운동을 내세운 분파주의와 율법주의 즉 바리새적인 신앙운동의 경향이 짙었습니다. 지나치게 내세지향적인 한국의 보수주의 교회들은 개인의 경건생활에만 힘쓰고 문화적 사명을 등한히 하므로 젊은 지성인들을 정치신학의 교회에 빼앗기게 되었습니다. 성경이 가르치는 올바른 하나님 나라 이해는 완성될 하나님 나라와 지금 준비되는 현재적 하나님 나라와의 바람직한 조화와 긴장을 요구하고 있습니다. 한국교회는 진보와 보수 그룹 모두가 균형이 상실된 양극적인 역사의식을 지닌 안타까움이 있었습니다.

함께 생각해 봅시다.

1. 성경이 말하는 기독교의 종말론은 무엇입니까?

   하나님의 나라는 그리스도의 구속사역과 성취를 통한 죄인들의 하나님과의 관계회복과 더불어 그리스도가 통치하는 새 시대의 도래를 의미합니다. 여기에는 완성적 단계인 미래면 즉 내세 하나님 나라와 그리스도의 구속성취로 이미 시작되어 진행 중인 현재면이 있습니다.

2. 한국초기교회는 신앙구국을 내세운 민족교회의 성격이 짙었습니다. 기독교회의 민족운동주의자들은 하나님의 나라를 어떻게 이해 하였습니까?

3. 현세적인 삶을 경시하거나 냉소하는 부흥운동자들이 이해한 하나님의 나라는 무엇이었습니까?

4. 역사참여 신학자들의 구원관과 그 문제점들을 논의해 봅시다.

5. 교리적 축소주의로 변질된 한국 보수주의 교회의 역사의식의 문제점은 무엇입니까?

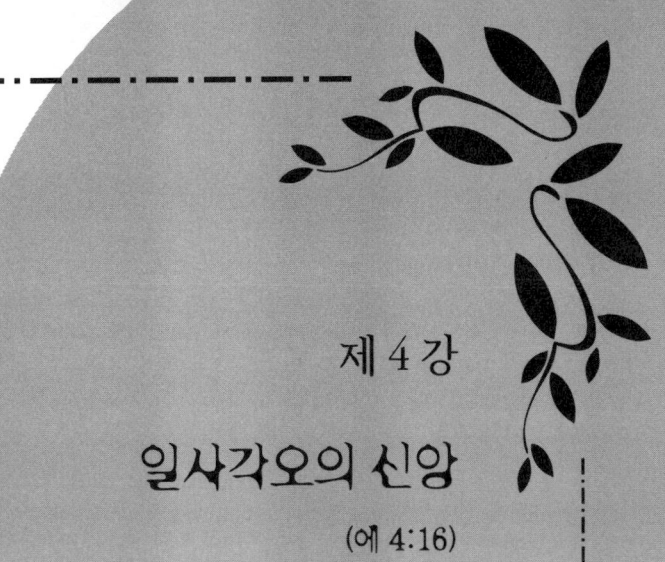

제 4 강

일사각오의 신앙

(에 4:16)

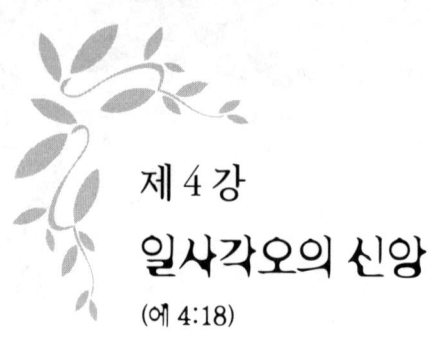

제 4 강
일사각오의 신앙
(에 4:18)

✽ 일제의 신사참배 강요정책

한국교회는 1930년대 중반부터 1945년 해방이 되기까지 일제의 신사참배 강요로 불같은 시련의 세월을 보내야 했습니다. 1910년 한일합방 이후부터 일본 제국주의자들은 한국인의 일본 황국 신민화 정책을 위하여 모든 방법들을 강구하였습니다. 그결과 일본 황실의 조상과 전몰 장병을 참배하도록 하는 아이디어를 갖게 되었습니다. 일본의 조선총독부는 1912년부터 조선 신사건립 준비를 예산에 반영하였습니다. 1919년 7월 20일 신도종교의 조선본산이 될 웅대한 신사건설을 결의하여 남산에 착공하게 되었습니다. 1925년 준공하여서 조선 신궁으로 이름하여 태양신과 일본황실의 제조상을 명치 천황에게 헌당하였습니다. 1930년 이후 일본의 군벌이 정권에 막강한 영향력을 행사하면서부터 신사참배를 한층 더 강요하였습니다. 소위 신사참배는 황국신민의 의무라고 하여 일본국민은 말할 것도 없고 심지어 일제의 식민통치를 받고 있었던 한국국민들에게는 더욱 심하게 강요하였습니다.

총독부는 전국의 학교에 교사와 학생 전원이 규칙적으로 신사참배를 해야 된다고 시달하였습니다. 이때 장로교 총회에서는 기독교인 학생과 교사들에게는 이것이 제1계명을 어기는 것이므로 그러한 의무에서 면제해 주도록 총독부에 요청하였습니다. 하지만 아무런 성과도 얻지 못했습니다. 1935년 11월 평안남도 도지사가 도내 교장회의가 개최되기 전에 교장들로 하여금 먼저 신사참배를 지시했습니다. 숭실 전문학교 및 숭실 중학교의 교장 죠지 매큔(George S. Macune) 한국명 윤산온 선교사와 숭실 여학교 교장 스누크(Miss Snook)선교사가 이를 거부했습니다. 도지사는 60일간 시간 여유를 주면서 신사참배를 하든지 아니면 교장직을 사임하고 학교를 폐교하든지 양자 택일을 하라고 협박했습니다.

기독교 학교들은 신사참배 대신 다른 방법으로 국가에 충성을 표시하는 방법을 허락해 달라고 진정하였습니다. 그러나 기독교계의 요구는 묵

살 당하였습니다. 일제는 계속하여 신사참배 강요와 탄압을 가할 뿐이었습니다. 총독부는 신사참배는 종교행사가 아니고 국민의 애국적인 의식이라고 교활하게 주장하였습니다. 일제는 한국민족의 민족혼과 특별히 기독교인의 신앙의 순결을 짓밟았습니다. 감리교회와 침례교, 성결교회들은 일제당국의 해석을 그대로 받아들여 처음부터 타협의 길을 모색했습니다. 이때 윤산온 선교사는 평양지구 장로교 목회자 회의에 참석한 한국교회 목회자들에게 조언을 구했습니다. 그때 한사람을 제외하고서 전원이 신사참배에 반대했습니다. "우리는 신사에서 죽은 영혼들을 섬기는 신사참배가 하나님의 계명을 어기는 것인 줄 압니다. 또한 한국교회가 이로 인하여 많은 어려움을 당할 줄로 압니다. 우리 가운데 많은 이들이 핍박을 견디지 못할 것도 압니다. 우리가 아직 말할 수 있으니까 말씀드립니다. 선교사님들께서 아무쪼록 어떠한 어려움을 당하시더라도 교회의 신앙을 굳게 지키도록 하시기 바랍니다."라고 간곡하게 당부했습니다. 1937년 9월에 이르러 미국 북장로교 선교부는 그 관할 아래 있는 여덟 개의 학교를 폐쇄했으며 남장로교 선교회도 같은 신앙으로 10개의 학교를 폐교했습니다.

✱ 신사참배 반대운동과 한국교회의 수난

　일제는 1938년 2월에 아직도 신사참배를 거부하고 버티는 장로교회를 꺾기 위하여 총력을 다하였습니다. 총독부는 전국 23개 노회로 하여금 노회가 개최되기 전에 먼저 신사에 가서 참배부터 해야 된다는 명령을 내렸습니다. 그 당시 17개 노회들이 안타깝게도 그들의 탄압 아래 굴복을 하고 말았습니다. 1938년 9월 9일 평양 서문밖교회에서 열린 제27회 총회는 일본경찰의 삼엄한 감시와 통제 아래 개최되었습니다. 약 백 명이나 되는 일제의 경찰들이 193명의 총대들 틈에 끼어 감시를 하였습니다. 미리 짜 놓은 각본에 따라서 의사는 진행되었습니다. 한 총대가 신사참배를 국민의례로 인정하자는 동의를 하였습니다. 재청이 들어오자 새로 선출된 총회장 홍택기 목사는 즉시 가부를 물었습니다. "예"라고 대답하는 총대는 소수였습니다. 총회장은 반대의사를 묻지도 않고 신속하게 동의안대로 가결되었다고 선포하였습니다. 이리하여 장로교회마저도 공식적으로 신사참배 강요에 굴복하고 말았습니다. 장로교회의 수많은 목사들과 평신도지도자들이 개별적으로 또는 그룹별로 신사참배를 반대하였습니다. 특별히 신사참배 반대의 핵심적인 인물로는 평양 산정현교회의 주기철 목사를 비롯하여 평북의 이기선 경남의 한상동, 주남선, 평남의 이주원 전도사, 전남 여수의 애양원교회의 손양원 목사 여성으로는 안이숙, 조수옥, 재건파의 최덕지 등이 있었습니다.

"한상동" 목사

신사참배 반대운동을 조직화하였던 한상동 목사는 반대운동의 구체적 방안을 다음과 같이 제시하였습니다.

① 신사참배를 결의하고 참배에 참여한 노회들은 해체되어야 한다.
② 신사참배를 한 목사에게서 받은 세례는 인정하지 말아야 한다.
③ 신사참배를 거부한 신도만으로 새로운 노회를 조직하여야 한다.
④ 신사참배를 거부한 동지들끼리 상호 도와야 한다.
⑤ 가정예배를 권면하여 시행토록 하고 동지 규합에 힘써야 한다. (이만열, 한국기독교와 역사의식 p352)

위와 같은 원칙에 입각하여 주기철, 이주원, 주남선 목사 등과 함께 전국적인 신사참배 반대운동으로 발전시키려 했지만 한상동 목사 등이 체포되면서 실천에 옮겨지지는 못했습니다. 신사참배 반대운동에는 장로교뿐 아니라 감리교에서도 목사 평신도 가리지 않고 많은 성도들이 참여하였습니다. 신사참배 반대로 인하여 투옥된 성도들은 2천여 명에 달하였습니다. 200여 개의 교회가 폐쇄되었으며 50여 명이 순교의 제물로 하나님께 드려지게 되었습니다. 신사참배는 교회사적으로 우상숭배를 거부함으로써 신앙의 순결을 지킨 의미가 있으며 민족사적으로는 민족 말살정책에 대한 저항적인 성격을 띤 민족운동으로 높이 평가되고 있습니다. 그 당시 신앙인으로서 민족의식에 입각한 저항운동은 일본의 국조신, 전쟁신, 영웅신을 부정하는 신사참배 반대가 가장 효과적인 민족 운동이었습니다.

하지만 신앙수호에 패배한 교회는 세상의 권력이 시키는 대로 그들을 섬길 수 밖에 없었습니다. 1942년 제31회 총회의 절차는 교회의 순서와는 너무나 거리가 먼 것이었습니다. 평양의 신사를 먼저 참배하는 것으로 시작하여 국민의례에다 시국강연이니 국방헌금이니 하는 순서들로 가득 짜여 있었습니다. 일제에 굴복한 교회 지도자들은 일본 정부의 전쟁을 선전하는 연사로 부역을 해야만 했습니다.

　1942년 3월 일본 정부는 독일 나찌정권이 독일교회에 독일 기독교연맹을 조직하게 했듯이 일본교회로 하여금 강제로 혁신교단을 조직하도록 하였습니다. 한국교회에는 모세오경과 다니엘서, 요한계시록 등 이스라엘 백성의 역사와 하나님의 왕적인 주권을 많이 언급하고 있는 성경이나 책은 읽지 못하게 했습니다.

　1945년 해방 직전에 이르러서는 국내의 모든 교파 교회가 일제의 지시 아래 통합하여 일본기독교 조선교단을 조직하였습니다. 심지어 오십여명의 한국목사들은 서울의 한강과 부산의 송도 앞 바다에서 신도의 정결 의식 다른 말로 말하자면 신도의 세례까지 받을 정도로 한국교회는 영적 간음과 배교의 죄에 깊숙하게 빠졌던 것입니다.

✽ 주기철 목사와 평양 산정현교회

　1930년대 한국교회에 떠오르는 샛별과 같은 지도자로 주기철 목사가 주목을 받고 있었습니다. 한석진, 함태형 등의 원로급 목사가 시무하였던 마산 문창교회가 분파와 내분 등으로 혼란을 겪고 있을 때 주기철 목사가 부임하여 뛰어난 목회 리더십과 깊이 있는 영성으로 교회를 안정시키고 문창교회는 새롭게 도약하게 되었기 때문이었습니다. 마산 문창교회를 시무하는 동안 주기철 목사는 경남 노회장을 맡아 보면서 마포삼열박사도 감당하지 못했던 경남노회 사건을 거뜬히 수습하였습니다. 주기철 목사는 명실공히 한국교회의 새로운 지도자로 급부상하게 되었습니다. 그러던 어느 날 주기철 목사의 오산중학교 은사이신 고당 조만식 장로가 마산에 내려왔습니다. 그 당시 동양의 예루살렘으로 불리어졌던 평양 제일의 교회인 산정현교회의 새로운 지도자로 주기철 목사를 모셔가기 위함이었습니다. 문창교회에서는 당회원들을 비롯하여 온 교우들이 벌떼처럼 일어나서 주기철 목사를 보낼 수 없다고 하였습니다. 조만식 장로님은 주기철 목사에게 다음과 같이 호소하였습니다. "지금 평양 산정현교회는 그동안 자유주의신학을 주장하던 송창근 목사로 인하여 신학적인 분파로 교회가 심히 약해지고 있었습니다. 이제는 일제의 신사참배 강요로 인하여 어려움을 당하고 있는 산정현교회를 복음적인 교회로 거듭나기 위해서 주기철 목사 같은 인재가 꼭 필요합니다." 이때 주기철 목사는 기도한 후에 결정하겠다고 말씀드리자 조만식 장로님은 평양으로 발길을 돌리셨습니다. 그 즈음 기도할 때마다 주기철 목사의 마음에는 성령님의 감동하심의 역사가 메아리쳐 왔습니다. 한국교회가 신사참배 문제로 술렁거리게 되는 위기가 찾아왔는데 자신이 한국의 대표적인 교회에 부임하여 신사참배 반대의 선봉장이 되므로 조국의 교회를 우상숭배로부터 지켜야겠다는 사명감이 자리잡게 되었기 때문입니다. 이 일은 어쩌면 순교의 제물이 되어야한다는 비장한 각오까지 요구되는 일이었습니다. 수개월 후 마산 문창교회를 다시 찾은 고당 조만식 장로는 문창교회 온 교우들과 제직들에게 "지금 평양은 신사참배 문제로 가장 큰 위기에 직면하고 있는데 여러분 문창교회 성도들은 개교회의 욕심만 생각하고 한국교회 전체를 생각하지 않고 있습니다. 영적인 눈을 크게 뜨고서 한국교회 선봉장 역할을 하고 있는 평양 산정현교회가 우상숭배의 탄압과 위협 아래 무릎을 꿇지 않기 위하여 주기철 목사를 평양으로 보내주시기 바랍니다."라고 간곡하게 요청하므로 문창교회 성도들은 허락하게 됩니다. 주기철 목사는 평양신학교를 졸업한지 만10년 만에 한국의 최대교회인 산정현교회의 담임목사로 부임하게 되었습니다. 산정현교회에 부임하게 된 주기철 목사는 장로들과 제직들을 모아놓고서 신사참배에 대한 지도자로서 자신의 목회방침을 다음과 같이 발표했습니다.

첫째, 신사참배는 제 일계명을 범하는 우상숭배이므로 철저하게 배격

해야만 합니다.

둘째, 신사참배에 호응하는 신도들은 지위나 신분을 망라하고 공개적으로 제명 출교시켜야 합니다.

셋째, 신사참배로 인한 모든 책임은 당회장인 나 주기철 목사가 감당하겠습니다.

< 산정현 교회 예배당 >

이처럼 신사참배에 대한 분명한 신앙적 입장을 밝힌 주기철 목사는 설교 강론시마다 신사참배의 부당성을 역설하므로 흔들리고 있었던 성도들은 견고해지기 시작했습니다. 그 무렵 주기철 목사는 6년 전 마산 문창교회 부임 때처럼 교회 재건축을 서두르기 시작했습니다. 그 당시 산정현교회 예배당은 오래되어 낡아 있었습니다. 주기철 목사는 다음과 같은 생각을 하였습니다. "앞으로 신사참배로 인한 환난의 바람이 분명히 불어 올

것이다. 성도들의 신앙의 보금자리인 예배당이 견고하고 아름답게 세워지므로 성도들의 신앙이 흔들리지 않도록 목회 리더십을 발휘하여야 겠다."고 스스로 다짐하였습니다. 당회에서 새 성전 신축을 제안하자 일부 당회원들은 시국의 형편과 재정적인 문제로 천천히 숙고할 것을 권면했습니다. 그러나 주기철 목사의 신념과 지도력 앞에 모든 당회원들이 새 성전건축을 결의하게 되었습니다. 1936년 3월 7일 주일 예배시 산정현교회가 터져나갈 만큼 모여든 성도들 앞에서 "많이 준 자는 많이 취한다."는 제목의 설교로 온 교우들의 마음을 감동시켰습니다. 성도들 중에는 유수한 애국지사와 기업가들도 많았습니다. 주기철 목사의 설교가 끝나자 앞을 다투어, 헌금이 쏟아져 나왔습니다. 그리하여 교회 신축은 일사천리로 진행되었습니다. 칠백 평의 대지가 마련되었고 7만여 원의 대공사가 이루어졌습니다. 수개월 후 동양 제일의 대 예배당이 완공되어 감격스러운 입당예배를 드리게 되었습니다.

✱ 일사각오의 신앙과 주기철 목사의 수난

"주기철" 목사

어느 날 저녁 주기철 목사의 대문을 노크하는 청년이 있었습니다. 누구십니까? 누굴 찾습니까? 저는 평양신학교 학생인데요 주기철 목사님을 찾아왔습니다. 목사님의 서재에 들어간 신학생은 입을 열었습니다. 주기철 목사님, 평북노회에서 신사참배를 가결한 문제를 어떻게 생각하십니까? 그따위 엉터리 없는 사실을 나에게 물어볼 필요도 없습니다. 우상숭배에 해당되는 신사참배를 평신도도 아닌 목사 더욱이 보통 목사도 아닌 노회장이란 지도급 목사가 앞장서 우상숭배 죄를 짓겠다고 했다니 세상에 이런 수치가 어디 있겠습니까? 목사님! 우리 신학생들이 실의에 빠지지 않도록 자신 있는 말씀을 강론해 주실 수 있겠습니까? 얼마든지 할 수 있습니다. 언제 해주시겠습니까? 내일이라도 합시다. 그 다음날 평양신학교 학생들은 강단에 모여서 주기철 목사의 「일사각오의 신앙」에 대한 담대한 설교를 듣고서 신앙의 순결과 지조를 굳게 지키려는 대단한 도전과 결단을 다짐하게 되었습니다. 신학생들은 운동장으로 튀쳐나와서 평북노회장 김일선 목사의 졸업기념 식수를 도끼로

찍어버렸습니다. 왜경에 끌려간 주기철 목사는 당당하게 자신의 신앙적 각오와 자세를 끝까지 굽히지 않았습니다. "나는 신사참배를 거부했다고 사형을 시키겠다면 기꺼이 응하겠습니다." 수일 동안 계속되는 고문과 심문에도 주기철 목사는 바위덩이처럼 의연하게 승리하다가 석방이 되었습니다. 며칠 후 주기철 목사의 집에는 평양 경찰서로부터 발송된 공문 한장이 도착되었습니다. "협조사항, 일본장로교의 도미다 목사께서 산정현교회에서 시국강연을 개최코자 하오니 협조바람"이란 내용의 협조문이었습니다. 주기철 목사는 일언지하에 거절의 뜻을 경찰서에 전달했습니다. 반대 이유를 묻자 "예배당에서는 예배 이외의 그 어떤 국가적 행사를 할 수 없다."고 답변했습니다. 고등계 형사는 교묘한 작전을 전개했습니다. 도미다 목사로 하여금 정식 주일예배에 순수한 설교를 하겠다고 거짓으로 접근했습니다. 순수한 설교를 하겠다는 제의에 어쩔 수 없이 일본 기독교의 거물급 목사를 강단에 세우게 되었습니다. 이윽고 도미다 목사는 강단에 올라가서 유창한 언변과 박식한 지식으로 그럴듯하게 설교를 끌어가다가 결국은 끝 부분에 본색을 드러내었습니다. "신사참배는 기독교 신앙에 배치되지 않는 국가의식이므로 국민으로서 당연히 지켜야 될 일입니다."라고 강조했습니다. 그때 주기철 목사는 자리에서 일어나서 다음과 같은 큰 소리로 성도들에게 외쳤습니다. "도미다 목사님의 고명하신 박식에는 경탄을 금치 못하는 바입니다. 그러나 우리는 성경에 기록된 바 "나 외에는 다른 신을 경배하지 말라"는 계명을 잘 알고 있습니다. 신사참배는 여호와 하나님을 섬기는 대신에 천조대신을 섬기는 우상숭배입니다. 또 도미다 목사께서는 신사참배가 국가의식이라고 하셨는데 가미다나는 일본의 것이지 우리 조선국민과는 아무런 관계가 없는 것입니다. 도미다 목사께서는 시국강연이 아니라 순수한 설교를 하시겠다고 하셨는데 어떻게 약속을 어기고 말씀 선포시간에 우상숭배를 장려하는 불신앙적인 죄를 범하셨습니까?"라고 꾸짖었습니다. 산정현교회 제직은 물론 온 성도들이 일시에 웅성거리면서 도미다를 공격하자 그만 도미다 일행은 어물어물 꽁무니를 빼 버리고 말았습니다. 그동안 끈질기게 신사참배를 거부해 오던 평양신학교와 숭실전문학교, 숭의여학교들은 마침내 자진 또는 강제 폐교를 당하게 되었습니다. 심약한 목회자는 말할 것도 없고 주기철 목사가 철석같이 믿고 있었던 믿음이 깊었던 목회자들과 산정현교회 직분자들마저도 하나, 둘씩 신사참배 탄압에 무릎을 꿇게 되었습니다. 주기철 목사만이 고독하게 평양의 기독교회를 신앙의 진리의 깃발로 지키게 되는 마지막 보류가 되고 말았습니다. 심지어 주기철 목사에

"오정모" 사모

게 목사직을 사면하고 있다가 이 어려움을 통과한 이후 다시 복직하여 주님의 일을 하는 것이 지혜로운 처사가 아니겠냐고 권면하는 사람까지 있었습니다. "그렇게 할 수 없습니다."라고 단호하게 자신의 입장을 밝혔습니다. "주기철 목사는 길선주 목사 이후 한국교회의 기둥이 될 분이요"라고 말하면서 늘 곁에서 격려해 주던 박형용 박사마저도 일본으로 피신을 갔습니다. 평양역에서 박형용 박사를 전송하고 돌아오는 주기철 목사의 마음은 더욱 사명감에 불타 올랐습니다. "박형용 목사는 좀 피신해 있다가 일본의 우상이 물러가면 다시 귀국하여 우리 나라의 후진을 양성할 사명이 있으므로 어쩔 수 없이 피신을 가셨지만 내가 넘어지면 한국교회 전체가 넘어진다."라고 자문자답하면서 신사참배 반대의 결심을 더욱 굳혔습니다. 7개월 동안 감옥에서 수난 당하다가 출감하게 된 주기철 목사를 맞이한 오정모 사모는 애써 감정을 억누르면서 "목사님 3일만 푹 쉬시고 다시 감옥으로 돌아가세요." "옆에 있던 사람들이 듣기가 민망해서 사모님 만나자마자 무슨 말씀을 그렇게 하십니까?" "아닙니다. 조선교회의 양떼들을 위해서는 다시 돌아가셔야 합니다." 주기철 목사는 오정모 사모의 용기에 큰 감동을 받았습니다. 주기철 목사는 이제 순교의 순간이 서서히 다가옴을 느끼면서 사랑하는 산정현교회 성도들에게 최후의 설교를 하였습니다.

✱ 주기철 목사의 최후의 설교와 순교

찬송가 384장 "내 주는 강한 성이요 방패와 병기되시니 큰 환난에서 우리를 구하여내시리로다"를 부른 후 마태복음 5장 2절~12절과 로마서 8장 8절, 31~39절까지 봉독하였습니다. 뒤이어 "일사각오의 신앙"이란 제목으로 설교를 하였습니다. 핵심적인 내용들과 소제목들을 요약 정리하면 다음과 같습니다.

(1) 죽음의 권세를 이기게 하옵소서

"폐결핵 환자로 요양소에 누워 있지 아니하고 예수의 종으로 신앙의 순결을 지키기 위하여 감옥에 가는 것이 얼마나 큰 은혜입니까? 주님은 날 위하여 최후의 피 한방울까지 다 쏟으셨는데 내 어찌 죽음을 무서워 하겠습니까? 다만 일사각오가 있을 뿐입니다."

(2) 장기간의 고난을 이기게 하옵소서

"단번에 받는 고난은 이길 수 있으나 오래오래 끄는 장기간의 고난은 참기가 어렵습니다. 칼로 베고 불로 지지는 형벌이라도 한 번에 죽는것은 이길 수 있으나 한 달, 두 달, 일 년, 10년 계속되는 고문은 견디기 어렵습니다. 장기간의 고난에 승리할 수 있도록 기도를 부탁드립니다."

(3) 노모와 친지를 주님께 부탁드립니다

"자식 아끼지 아니하는 부모가 어디 있으며 부모 생각 하지 않는 자식 어디 있겠습니까. 80세가 넘으신 내어머니 자비하신 주님께 부탁합니다. 내 아내는 병약한 여자로 인생을 내게 바쳤는데 나는 남편의 의무도 감당하지 못한 남편입니다. 병든 내 아내도 주님께 부탁합니다. 또한 아비의 의무도 다 감당하지 못하고 4명의 자식을 두고 먼저 가지만 주님께서 내 자녀 책임져 주시움과 나의 사랑하는 양떼들을 내 목자이신 주님의 손에 맡기옵니다."

(4) 의에 살고 의에 죽게 하옵소서

"성도 여러분! 예수 그리스도는 살아계십니다. 예수로 살고 예수로 죽을 수 있는 성도들이 되시길 바랍니다."

(5) 내 영혼을 주님께 부탁합니다

"십자가를 붙잡고 쓰러질 때 내 영혼을 받으시옵소서. 아버지의 집은 나의 집 아버지의 나라는 내 고향입니다. 더러운 땅을 밟던 내 발을 씻어서 나로 하여금 하늘나라 황금 길을 걷게 하시옵고, 죄악 세상에서 부대끼던 나를 깨끗하게 하사 영광의 존전에 서게 하옵소서. 내 영혼을 주님께 부탁하나이다. 아멘"

평양형무소로 다시 들어간 주기철 목사는 결국 옥중에서 그의 생애를 마치고 1945년 4월 20일 저녁 9시30분 "내 여호와 하나님이시여! 나를 붙드시옵소서."라는 유훈을 남기고 영광스러운 최후의 순교로서 향연 48세로 천국에 입성하셨습니다.

〈 주기철목사의 장례식 〉

함께 생각해 봅시다.

1. 일제가 신사참배 강요 정책을 세운 이유가 무엇일까요?

2. 한상동 목사가 한국교회에 제안했던 조직적인 신사참배 반대운동의 구체적인 방향 다섯 가지는 무엇입니까?

3. 신사참배 반대운동에 대한 교회사적 의미와 민족사적 의미는 각각 무엇입니까?

4. 고당 조만식 장로가 마산 문창교회에서 성공적인 목회사역에 힘쓰고 있던 주기철 목사를 평양 산정현교회의 담임목사로 청빙한 이유는 무엇입니까?

5. 주기철 목사의 일사각오의 신앙에 대한 느낌을 자신의 신앙생활에 비추어 봅시다.

제 5 강

사랑의 원자탄

(마 5:43~44)

제 5 강

사랑의 원자탄

(마 5:43~44)

❋ 신앙과 애국운동가의 아들로 성장한 손양원 소년

1902년 경상남도 함양군 칠원면 구성리에서 손양원은 태어났습니다. 그의 아버지 손종일씨는 아들을 얻고서 기쁨도 컸지만 걱정도 태산 같았습니다. 조상적부터 물려 받은 것은 가난 밖에 없었기 때문이었습니다. 그러나 손종일씨는 물질과는 비교도 할 수 없는 복음을 영접하여 하나님의 백성이 되었습니다. 그의 나이 38세 때이었습니다. 그 후 어린 아들 손양원 어린이를 데리고 철저한 신앙생활로 정진하였습니다. 손종일씨는 1914년 3월 교회에서 영수의 직분을 받았으며 1919년 1월에는 장로 피택을 받았습니다. 그 후 새벽기도에 한 번도 빠지지 않는 기도와 말씀의 사람으로 성숙되어 갔습니다. 어린시절 서당에서 한문 공부만 하던 손양원은 1913년 칠원면에 세워진 공립 보통학교에 입학을 했습니다. 아버지의 신앙교육의 영향으로 손양원 소년은 보통학교 시절부터 동방요배를 거절하였습니다. 그는 다니엘처럼 하나님 앞에 뜻을 정하여 신앙의 정조를 지키면서 성장했습니다. 그 때문에 일본인 교장 선생님께 불러가서 여러 차례 체벌을 받았지만 끝까지 동방요배를 하지 않았습니다. 보통학교를 졸업한 손양원 소년은 가난한 집안 환경으로 인하여 진학할 수가 없었습니다. 서울에 상경하여 밤에는 만두장사를 하면서 낮에는 중동중학교에 입학하여 공부하였습니다. 그러던 어느 날 학교 교무실에 소환 당했습니다. "네 아버지 이름이 손종일이냐?" "그렇습니다." 갑자기 "너는 퇴학이다." 라고 선언했습니다. 알고보니 그의 아버지 손종일씨가 3.1만세운동 주모자로 마산 형무소에 수감되었기 때문에 중동중학교에서 퇴학을 당하게 되었습니다. 퇴학을 당한 손양원 소년은 더 이상 서울에 머물러 있을 필요가 없게 되었습니다. 졸업도 하지 못하고 오랜만에 고향으로 돌아오는 발걸음은 힘이 없었습니다. 하지만 만세운동을 주도하다가 감옥에 갇히게 되신 아버지를 생각하니 자신이 애국지사의 아들이라는 자부심에 가슴이 뿌듯하기도 했습니다. 고향으로 돌아온 그에게 하나님께서는 더욱 큰 축복을 주셨습니다. 일본 동경으로 건너가서 유학을 하게 되는 길이 열리게 되었습니다. 작은 아버지 손문준 목사의 주선에 의하여 동경 유학의 길이 열렸습니다. 동경에 있는 스가모 중학교 야간부에 편입하여 주경야독하면서 학업에 정진하였습니다. 그는 동경에서 성결교회에 출석하면서 신앙생활에 정진하였습니다. 동경유학 시절 인상 깊게 간직될 수 있었던 신앙생활은 노방전도이었습니다. 노방전도의 슬로건은 "사람들이 우리를 찾아오기를 기다리지 말고 우리가 사람들을 찾아가서 복음을 전하자."는 것이었습니다. "빼앗긴 우리 나라의 주권을 다시 찾으려면 먼저 일본이 회개하고 예수를 믿어야 한다. 그러므로 내가 노방전도 열심히 하는 것이 애국하는 길이다."라는 마음으로 전도에 힘썼다고 합니다. 손양원 소년은 동경으로 건너가서 공부하게 된 지 3년 만에 스가모 중학교를 졸업하게 되었습니다.

< 김구 선생과 손양원 목사 >

✱ 주기철 목사의 만남과 평양 신학교 진학

고국으로 귀국한 손양원 청년은 하나님의 종이 되기를 결심한 후에 경남 성경학교에 입학하였습니다. 그곳에서 청년 손양원은 그의 생애에 결정적인 영향을 주었던 주기철 목사를 만나게 됩니다. 주기철 목사는 손양원 목사보다 5세 연상이셨습니다. 그는 일찌기 남강 이승훈 선생이 설립한 평북 오산학교를 졸업하였습니다. 그 후 평양 신학교를 졸업하고 나서 목사가 되어 부산 초량교회를 시무 중이었습니다. 주기철 목사는 뛰어난 목회자인 동시에 후진양성에 지대한 관심이 있으므로 경남 성경학교의 교수 사역도 겸하고 있었던 것입니다. 주기철 목사는 당대 손꼽히는 민족 교회의 지도자이었으며 영성 깊은 지도자였습니다. 손양원 전도사는 주기철 목사를 만나서 그의 지도를 받게 되므로 훗날 한국교회 역사를 아름답게 장식할 수 있는 뛰어난 지도자로 성장할 수 있는 계기가 되었던 것입니다. 훗날 다음과 같은 평가를 들을 수 있었습니다. "주기철 목사가 지구라면 손양원 전도사는 그 주위를 도는 달과도 같은 존재이다." 어느 날 두 사람이 자연스럽게 대화의 자리가 마련되었습니다. "손양원 학생은 어떤 뜻을 세우고자 이곳 성경학교에 입학하였습니까?" "하나님의 훌륭한 종이 되고 싶었습니다." "하나님의 종이 되겠다는 그 의미가 넓지 않습니까?" "목사가 되어 어떤 방법으로 하나님의 일을 하고 싶은 생각을 미리 해 본 적이 없나요?" "그게 무슨 의미입니까?" "그러니까 지금 나라를 잃고 있는 우리로서 애국적인 면에도 관심을 가지고 일하고 싶은지, 아니면 신자들 영혼만 돌보고 싶은지요?" "지금 우리 민족은 수난을 받고 있는데 어찌 나라 사랑에 관심 없이 목회만 하겠습니까?" "내가 바로 그 대답을 듣고 싶어서 질문했습니다. 정말 장한 뜻을 세웠습니다. 우리 하나님은 정말 그 뜻을 이루어 주실 것입니다. 부지런히 공부하여 꿈을 이루길 바랍니다." "감사합니다." 나라 사랑과 하나님 사랑 이것이 주기철 목사의 목회 철학이었으며 그 아름다운 사상이 손양원에게도 그대로 계승되었습니다. 손양원 청년은 경남 성경학교를 다니면서 공부하던 중에 결혼하였습니다. 1924년 그의 나이 23세 때 함안군 대산면 옥열리에 사는 정숙한 규수 정양순을 아내로 맞이하여 믿음의 가문을 이루게 되었습니다. 1925년 손양원 전도사는 경남 성경학교를 졸업하고 첫 번째 사역지로 부산 감안동에 있는 한센씨 병자병원 교회에서 첫 목회를 시작하였습니다. 어찌하여 한센씨 환우를 상대로 목회하려고 하십니까? 부인이 싫은 기색을 하면서 말했습니다. "예수님께서는 병든 자를 돌보는 것이 주님을 돌보는 것"이라고 말씀하였습니다. 어차피 나는 행복한 인생을 살려고 주님의 종이 된 것이 아닙니다. 한센씨 환자들은 대부분 그 몰골이 험상궂기 짝이 없었습니다. 더우기 여름철에는 고약한 냄새로 코 들기가 어려웠습니다. 손양원 전도사도 사람이기에 내가 이런 곳에서 얼마 동안 복음을 전할 수 있을까? 회의심이 들었지만 시간이 지나자 손양원 전도사와 한센씨 환자들은 친근감이 들었습니다. 손양원 전도사는 눈코 뜰새 없이 바쁘게 한센병 병원 교회에서 일했습니다. 틈틈이 시간을 내어서 울산에 방어진 교회를 개척하였고 양산에 원동교회를 개척하기도 했습니다. 무엇보다도 그에게 큰 기쁨이 되었던 것은 틈틈이 초량교회 주기철 목사를 찾아가서 필요한 교훈을 듣고 목회지도를 받는 일이었습니다. 그는 주기철 목사를 목사님이라고 부르기보다는 "형님"이라 부를 정도로 친근하고 가깝게 따랐습니다.

1934년 손양원 전도사는 큰 결심을 하게 됩니다. "내가 좀 더 주님의 큰 일을 하기 위해서는 신학교를 마쳐야 되겠다." 진학문제로 주기철 목사를 만나서 상담을 하게 되었습니다. "한센병 병원 일과 개척교회 일 등은 하나님께 맡기시면 필요한 일꾼을 보내실 것입니다. 사실 늦은 일이지만 지금부터라도 다 털고서 평양 신학교에 입학하여 더 큰 일꾼으로 전진

하시요." "형님 말씀대로 따르겠습니다." 손양원 전도사가 평양에 도착한 것은 1935년 봄이었습니다. 그는 신학교에서 열심히 공부하는 한편 대동강변에 있는 능라도 교회에서 열심히 봉사하였습니다. 얼마 후 한 차례 기쁜 일이 생겼습니다. 평양 신학교 2학년 때 그동안 마산 문창교회를 시무하시던 주기철 목사께서 평양 산정현 교회로 부임하셨기 때문입니다. 주기철과 손양원 이제 그 두 사람은 사제지간, 형제간의 간격을 더욱 좁혀 신사참배 반대운동의 동역자로 고난의 길을 같이 걷게 되는 결정적인 만남이 다시 이루어지게 되었습니다.

✻ 신사참배 반대운동과 형극의 길

손양원은 1938년 평양 신학교를 졸업하고 목사 안수를 받은 후 부산지방 선교사 대리로 지방순회 전도사역을 감당하게 됩니다. 1939년 여수 애양원 교회의 부름를 받고 다시 한센병 환자들의 곁으로 가서 복음전파의 사명을 감당하게 되었습니다. 손양원 목사가 여수에 도착한 것은 바다 바람이 시원하게 불고 있던 여름철이었습니다. 애양원 교회에서 부임 첫 예배를 드린 후 "형제 여러분 안녕하셨습니까? 이제부터 손양원 목사는 여러분들의 좋은 가족이 되고 친구가 되며 형제가 되겠습니다."라고 부임 인사를 하였습니다. 그는 애양원 가족들의 신앙을 돌보기 위하여 밤낮을 가리지 않고 뛰고 또 뛰었습니다. 그는 애양원 교회에서 바쁘게 사역하면서도 어디서 설교나 부흥회 요청이 들어오면 한 번도 사양하는 일이 없이 달려가서 열심히 사명을 감당하였습니다. 그리고 기회 되는 대로 신사참배는 우상숭배이므로 반드시 거절해야 된다고 강론하였습니다.

어느 교회에 초청 받아서 부흥회 인도하려고 강단에 올라가서 보니 기가막힌 장면을 목격하게 되었습니다. 그는 담임목사에게 "당장 저 일장기를 떼시요." 머뭇거리자 손양원 목사 본인이 즉시 떼어버렸습니다. 곧이어 일본순사들이 출동되어 체포되었습니다. "당신 국기가 얼마나 소중한지 모르오." "국기가 나라의 정치가들에게 소중한지 모르지만 신앙인들에게 하나님이 더 소중합니다." "당신네 교회당은 우리 일본 제국 안에 있지 않고 밖에 있다는 말이요." "교회당이 나라 안에 있는 것은 사실이지만 국가기능과 교회기능은 다릅니다. 국기는 국가 행사 때 사용하고 외국다니는 선박들이 자기 국적을 나타내기 위해서 다는 것이지 하나님께 기도하고 예배드리는 예배당에 절대로 달 수가 없습니다." "이봐! 국기에 대한 경례는 애국심의 발로야!" 손양원 목사 역시 큰 소리로 다음과 같이 답변했습니다. "국기에다 대고 경례만 잘 하면 시장바닥의 술주정뱅이도 애국자가 될 수 있고 도박꾼도 애국자가 될 수 있고 살인 강도도 애국자가 될 수 있으며 악질사범도 축첩자도 다 애국자가 될 수 있다는 말입니까?" 그렇게 쏘아부치고 손양원 목사는 돌아서서 당당하게 걸어나왔습니다. 그처럼 신사참배 반대운동을 공공연하게 주도하던 손양원 목사는 마침내 1940년 9월 25일 형무소에 투옥되게 됩니다. 손양원 목사가 광주형무소로 수감된 1년 후 새롭게 애양원의 원장으로 부임한 일본 사람은 손목사 부인에게 거처를 옮기라는 것이었습니다. 애양원교회에서는 일본인 원장 몰래 700원을 떠나는 손목사 가족들에게 제공해 주었습니다. 그러나 그 돈으로 여러 식구들이 오랫동안 살기에는 너무나 부족해 가족들은 그 길로 뿔뿔이 흩어지게 되었습니다.

✱ 여순반란사건과 두 아들의 순교

"일본이 망했다!" "해방이다!" "만세" "만만세" 1945년 8월 15일은 일본의 천황이 항복을 선언하므로 이 땅에 자유가 찾아왔습니다. 형무소에 있었던 손양원 목사는 조국의 해방을 맞이하여 감사의 기도를 드렸습니다. 한편 이러한 기쁨을 누리지 못하고 앞서 순교한 주기철 목사를 생각하니 가슴이 매어지는 것 같았습니다. 손양원 목사가 애양원으로 돌아가서 예배를 드릴 때 온 성도는 감격의 눈물바다를 이루었습니다. 성도여러분! 이제 얼어붙었던 이 강산에 새 봄이 찾아왔습니다. 이 놀라운 은총을 주신 하나님께 감사드립시다. 우리는 마음을 하나로 뭉쳐서 애양원을 훌륭한 복음의 낙원으로 만들어갑시다. 무엇보다도 감사한 것은 하나님께서 우리 가족들을 지켜주시고 흩어져있었던 우리 가족이 다시 모일 수 있도록 그동안 기도해주신 성도들에게도 감사드립니다.

여수지구에서 반란을 일으킨 반란군이 열차편으로 순천에 도착하여 시내로 진입한 것은 1948년 10월 20일이었습니다. 경찰들과 정부군들은 엄청난 숫자의 반란군과 제대로 싸워보지도 못하고 수많은 사상자들이 발생하고 말았습니다. 순천에서 자취를 하고 있었던 손양원 목사의 자녀들은 쌀이 떨어져 큰 아들 동인군이 나덕환 목사님댁에 쌀을 빌리러 갔습니다. 사모님은 자신의 집에도 쌀이 떨어졌다고 미안해 하시면서 동인 학생! 지금 순천시내에 공산반란군이 들어왔는데 쌀보다 더 급한 것은 빨리 피신하는 것이야! 우리 아들 제민이도 십분 전에 피난갔다네! "우리의 피난처가 하나님 외에 또 어디 있겠습니까?" 하면서 자취방으로 돌아왔습니다. 그런데 아무리 기다려도 순천중학교에 다니는 동생 동신이 오지 않아서 집을 지키고 있다가 학교가 포위 당해 늦게 들어오는 동생을 맞이한 즉후 염려하던 일이 발생했습니다. "동인이 이 녀석 이리 나와" 그들은 밧줄로 동인군을 꽁꽁 묶은 다음 닥치는 대로 때렸습니다.

"동인" 군

"이봐 맞더라도 이유나 알고 맞자!" 그걸 몰라서 물어 너 기독학생 회장이지? 거기다가 뭐 미국으로 유학을 간다고? 친미주의자가 아니고 뭐야! "친미주의자라고? 이 사람들아! 나는 다만 하나님을 섬기는 기독교인일 뿐이야!" 그들은 계속하여 예수쟁이라고 조롱하면서 동인군을 몽둥이질 했습니다. 그 광경을 보고있던 동생 동신군이 그들에게 대들었습니다. "네 놈도 똑같이 정신나간 예수쟁이로구나" 드디어 두 형제들은 반란군들이 사형장으로 사용하고 있던 순천 경찰서 뒤뜰까지 끌려갔습니다. 동인군을 사형대에 앉혀 놓고 강철민(가명)이라는 학생이 거칠게 말했습니다. "반동새끼 너 지금이라도 예수 안 믿겠다고 하면 살려주겠다. 공산주의에 협력하면 살려주고 끝까지 예수 믿겠다고 고집부리면 죽게 돼." "너희들은 내 목숨을 빼앗을 수는 있지만 내 신앙을 빼앗을 수는 없다." 공산 학생들은 동인군을 향하여 총을 겨루

"동신" 군

었습니다. 그때 동신군이 소리칩니다. "안 됩니다. 동인형은 우리 집의 장남입니다. 형대신 차라리 날 죽여요." 죽음을 앞에 두고 형제들은 서로 자기가 죽겠다고 다투었습니다. 큰 아들 동인이는 마지막으로 찬송 한 곡 부르겠노라고 간청한 후 수건으로 가리워진 눈을 하늘을 향하면서 "하늘가는 밝은 길이 내 앞에 있으니 슬픈 일을 많이 보고 늘 고생하여도 하늘영광 밝음이 어둔 그늘 헤치니 예수 공로 의지하여 항상 빛을 보도다" 찬송이 끝나자마자 방아쇠가 당겨졌습니다. 동생 동신이는 쓰러진 형을 붙잡고 "형님! 나도 형님 따라 천국가렵니다". 그는 벌떡 일어서서 "내 신앙도 형님 신앙과 똑같소. 나도 쏘시오 나도 형님 가신 천국에 함께 가겠소!" "소원이라는데 못 들어줄 것 없지" 동생도 공산 청년의 총탄에 쓰러졌습니다. 설마설마하며 두 아들의 소식을 기다리던 손양원 목사 가족에게 두 아들의 순교사실이 전해진 것은 사일이 지난 10월 25일이었습니다. 국군에 의해 반란사태가 어느 정도 진압된 26일 애양원 신자들은 화물차를 타고 순천으로 가서 두 아들들의 시신을 운반하여 왔습니다. 손목사가 두 아들의 시신을 보고서 기절하자, 그 때 마침 애양원에 부흥회 강사로 왔던 이인제 조사가 "손목사 정신차리

시오. 우리는 과거 감옥에서 순교를 원했으나 하나님께서 허락하지 않았소. 오늘 젊고 아름다운 두 아들을 순교의 제물로 바친 것이 그리도 아깝소. 슬퍼할 일이 아니오. 더 좋은 천국으로 갔으니 오히려 기뻐해야 될 일이요!" 평양신학교 동기동창으로 신사참배 반대로 감옥에 있다가 출옥한 신앙의 동지의 충고에 손양원 목사의 마음은 바꿔졌다고 합니다. 장례식 날 손양원 목사는 답사를 통하여 다음과 같은 아홉 가지 감사 문을 읽어 내려갔습니다.

첫째, 나 같은 죄인의 혈통에서 순교의 자식들이 나오게 되었으니 감사드립니다.

둘째, 허다한 많은 성도들 중에서 어찌 이런 보배들을 주님께서 나에게 맡겨주심을 감사 드립니다.

셋째, 3남 3여 중에서 가장 아름다운 장남과 차남을 바치게 되어 감사드립니다.

넷째, 한 아들 순교도 귀하다 하거늘 하물며 두 아들을 순교의 제물로 바치게 되어 감사합니다.

다섯째, 예수 믿다가 누워 죽는 것을 큰복이라 하거늘 하물며 전도하다가 총살 순교 당했으니 감사합니다.

여섯째, 미국 유학 가려고 준비하던 내 아들 미국보다 더 좋은 천국 갔으니 감사합니다.

일곱째, 나의 사랑하는 아들을 총살한 원수를 회개시켜 내 아들 삼고자 하는 사랑의 마음을 주신 하나님께 감사합니다.

여덟째, 나의 두 아들 순교로 말미암아 무수히 많은 천국의 아들들이 생길 것이 믿어지니 감사합니다.

아홉째, 이 같은 역경 중에 이상 여덟 가지 진리와 하나님의 사랑을 찾는 기쁜 마음 주신 주님께 감사 드립니다. (손동희, 나의 아버지 손양원 목사 p225~226)

끝으로 나에게 분수에 넘치는 과분한 큰 복을 내려주신 하나님께 모든 영광을 돌립니다. 이 일들이 옛날 내 부모님들이 새벽마다 부르짖던 수십 년간의 눈물로 된 기도의 결실이요, 나의 사랑하는 나환자 형제 자매들이 23년간 나와 내 가족을 위해 기도해준 그 열매로 믿어 여러분께 감사드립니다.

✻ 용서를 넘어선 사랑

국군이 반란군을 진압하여 순천의 상황은 완전히 역전되었습니다. 여수 순천지역에 비상계엄령이 선포되므로 국군 총사령관에게 모든 통치권이 주어졌으며 법률에 의한 재판절차는 생략되었습니다. 반란사건에 가담한자들을 색출하는데 우익 학생들과 기독학생들이 앞장서게 되었습니다. 우익 인사들은 순천 북국민학교에 잡혀있는 좌익 인사들의 성분을 가려내어 "악질=사형" "단순=동조자"로 분류되었습니다. 동인, 동신군을 죽이는데 앞장섰던 강철민(가명)에 대한 판결문은 "악질=사형"이란 팻말이 붙었습니다. 손양원 목사는 큰 딸 손동희에게 "나는 지금 부흥 집회 때문에 집을 떠나야 된다. 그래서 순천까지 갈 수가 없구나 네가 나 대신 나덕환 목사님에게 다녀오너라 가서 내 뜻을 전하거라." "아버지 뜻이라니 무슨 말씀이세요?" "네 두 오빠를 죽인 학생이 잡혔다고 하는데 그 학생에게 매 한 대도 때리지 말게 하고 사형장에서 빼내어주면 그를 내 아들로 삼겠다고 전해주어라." 그의 딸 손동희는 자신의 귀를 의심했습니다.

아버지 손양원 목사는 장례식장에서 읽은 감사문대로 실천하겠다는 자신의 뜻을 큰 딸을 통해서 순천에 계신 나덕환 목사님께 전해주라는 당부이었습니다. 그럴 수 없다는 딸을 설득하여 순천으로 보내고 자신은 집회인도차 출타하였습니다. 나덕환 목사님과 함께 계엄군에게 간 손양원 목사님의 큰 딸은 아버지의 뜻을 취조하던 대령에게 전하였습니다. 강철민을 죽이려고 했던 대령은 손수건을 꺼내 눈물을 닦으면서 위대하신 목사님이라고 감탄하였습니다. 이렇게 하여 강철민은 죽음 직전에 구사일생으로 사형장에서 구출되었고 후일 손양원 목사의 양자가 되었습니다.

✱ 6.25전쟁과 손양원 목사의 순교

여순 반란사건과 두 아들 순교의 회오리바람이 지나간지 얼마되지 않은 1950년 6월 25일 새벽 4시를 기해서 북한군들은 물밀듯이 남하하여 불과 3일 만에 서울을 점령하였습니다. 그 무렵 손양원 목사는 부산 지방으로 부흥회 인도하려고 나섰다가 길이 막히는 바람에 그만 중간에서 되돌아오고 말았습니다. 순천은 말할 것도 없고 여수 지역의 유력 인사들은 서둘러 피난길에 나섰습니다. 순천의 나덕환 목사를 비롯하여 많은 교계 지도자들과 성도들이 피신을 권면했으나 손양원 목사는 피신하지 않고 당당하게 순교의 날을 기다리고 있었습니다. 며칠 지나지 않아서 공산군들이 여수에 진입했습니다. 그는 내무서에 붙잡혀가서 조사를 받게 되었습니다. "미안하지만 이것 좀 기록해 주시오." "이게 뭡니까?" 고백서라는 것입니다. 형식적으로 기록하는 것입니다. 잘 기록하시면 빨리 돌아가도록 하겠습니다. 손양원 목사는 고백서라는 용지에 출신계급과 사회신분은 손도 대지 않고 그저 고백란에 다음과 같이 적었습니다. "나는 일찍부터 하나님의 종으로 부르심을 받았으나 그처럼 숭고한 사명을 잘 감당하지 못하였고 그 결과로 삼천리 금수강산을 복음화시키지 못한 죄가 너무 크므로 그지없이 가슴이 사무친다. 우리 주님께서는 인류를 구원하시려고 십자가에 달려 죽기까지 하셨는데 그런 고귀한 진리를 우리 민족에게 바로 전하지 못하여 우리 한반도 안에서 이처럼 비참한 골육상잔의 내란까지 일어나 수없는 생명이 죽어가고 있으니 이런 죄가 사실 얼마나 큰 것인가! 그래서 이놈의 죄 때문에 나는 열 번 죽어도 마땅하게 되었으므로 가슴을 치면서 고백한다." 손양원 목사가 작성한 고백서의 내용은 공산당을 모욕한다고 하여 미평을 조금 지나 쑥바위 고개 옆 과수원으로 끌려가 총살을 당하게 된 것입니다. 장례식을 치른 것은 사건 당일로부터 꼭 15일이 지난 그 해 10월 13일이었습니다. 부산 고려신학교 교장 박윤선 목사께서 설교하셨고 오종덕 목사께서 사회를 맡았습니다. 3년 전 같은 달인 10월에 모리아산 꼭대기에 선 아브라함처럼 두 아들을 순교의 제물로 바치면서 무려 아홉 가지 감사의 제목을 들어 하나님께 감사 드렸던 손양원 목사, 그가 이제 몸소 하늘나라로 개선하게 되었으니 하나님께서 보실 때 얼마나 장엄한 광경이었을까요? 그의 장지는 두 아들이 묻혀 있는 애양원 동산이었습니다. 아버지와 아들이 신앙의 순결을 지키기 위하여 순교한 사실은 세계 교회역사의 한 페이지를 위대하게 장식하게 했습니다. 한국교회의 성도들은 그와 같은 아름다운 신앙의 선열들의 순교의 정신을 이어 받아 진정한 사랑의 공동체로 계속적인 부흥과 성장이 있어야 될 것입니다.

〈손동인 죽기 1개월전〉

〈손양원 목사의 장례를 마치고〉

함께 생각해 봅시다.

1. 손양원 목사가 그처럼 아름다운 지도자로 성장되기까지 그의 부친이 끼친 영향은 무엇입니까?

2. 손양원 소년은 어떤 가치관을 가지고 동경에서 노방전도에 열심히 참여하였습니까?

3. 사람은 만남에서 그 인생의 방향이 결정됩니다. 손양원 목사가 그처럼 뛰어난 인물이 되는데 큰 영향을 주었던 그의 영적인 멘토는 누구였습니까?

4. 동인, 동신 두 아들이 순교한 후 장례식에서 손양원 목사가 하나님께 고백했던 아홉 가지 감사는 무엇이었습니까?

5. 손양원 목사가 6.25한국동란 때 순교하게 된 직접적인 배경은 무엇입니까?

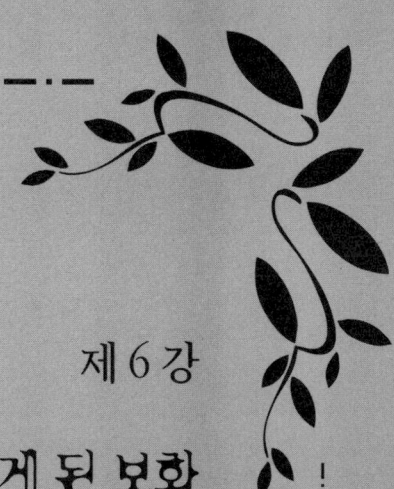

제6강

환난 중에 얻게 된 보화

(마 13:44)

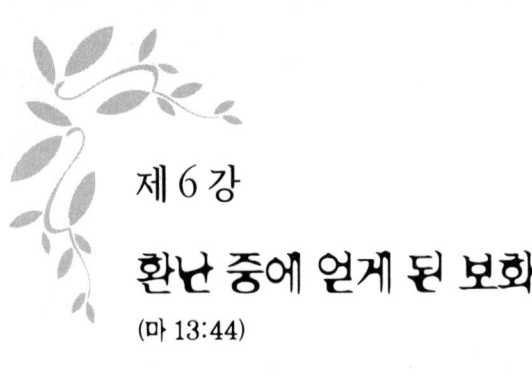

제 6 강
환난 중에 얻게 된 보화
(마 13:44)

❋ 감추인 보화의 비유

감추인 보화의 비유를 깨닫기 위해서는 예수님께서 사셨던 2천 년 전의 팔레스타인의 풍속과 역사적 배경을 살펴보아야 합니다. 그 당시 외딴 작은 마을 같은 경우에는 거의 중앙행정의 힘이 미치지 못했기에 법 같은 것은 있으나마나 했습니다. 그 당시 사람들이 무서워하는 것은 강도를 만나는 것이었습니다. 불한당과 도둑들이 한 번씩 휩쓰는 날에는 속수무책으로 당할 수밖에 없었기 때문입니다. 그러한 어려움을 극복하기 위하여 그 당시 사람들은 돈을 벌어서 재산이 생기면 땅을 파고 묻어두는 풍습이 있었습니다. 도둑의 무리뿐만 아니라 전쟁이 일어날 경우에도 귀한 보물들은 땅에 묻는 경우가 일반적인 재산 보관의 방식이었습니다.

그런데 그 돈 항아리의 주인이 자기만 알고 있다가 꺼내지 못하고 죽어버리게 되는 경우 주인 없는 보물로 그대로 썩히게 됩니다. 그러니까 그것을 발견하게 되면 그 사람은 문자 그대로 노다지를 만나게 되는 것입니다. 그런데 전쟁 등이 일어나서 가지고 있는 귀중품들을 땅에 묻으려다가 그것보다 더 값진 보물들을 발견하는 경우도 있었다고 합니다. 그런 경우 감추인 보화를 발견한 덕분에 졸지에 큰 부자가 된 경우도 있었던 것입니다. 1950년 6월 25일 발생한 한국 동란은 일천만 이산가족을 낳게 하는 가슴아픈 민족상잔의 환난이었습니다. 하지만 우리 한국교회는 6.25한국전쟁의 환난가운데 놀라운 신앙적인 보화들을 발견할 수 있었습니다.

✽ 환난 중에 얻게 된 보화들은 무엇일까요?

(1) 신사참배를 비롯한 과거 우상숭배에 대한 죄악을 회개할 수 있는 기회가 되었습니다

1950년 6월 25일에 발생한 한국 동란은 우리로 하여금 엄청난 인명과 재산의 피해를 보게 되었습니다. 한국군 25만 7천명과 유엔 연합군이 15만 명이 전사하였습니다. 민간인 99만 명이 죽거나 행방불명이 되었습니다. 장애불구자가 33만 명, 고아와 과부가 40만 명 결핵환자가 100명 공산군 피해는 북한군인 29만4천 명이 죽었고, 중공군은 18만4천 명이 죽었습니다. 전쟁은 무서운 비극입니다. 전쟁이 발생하면 아내는 남편을 잃게 되고 자녀들은 부모를 잃게되며 젊은 여인들과 딸들은 폭행을 당함으로 개인은 물론이고 가정까지도 망가지게 합니다. 집과 농토와 재산을 잃게 됩니다. 전쟁 후에는 우리의 자녀들이 오갈 데 없는 고아가 됩니다. 지금도 세계 도처에서는 국가 간의 전쟁이나 민족분쟁이 계속되고 있지만 지구촌에 남북으로 분단된 나라는 오직 대한민국 밖에 없습니다. 월남은 전쟁으로 적화통일되었고 독일은 서독이 중심이 된 평화적인 통일이 이루어졌습니다. 우리 한국만 여전히 남북이 분단되어 있습니다. 그렇다면 왜

삼천리 금수강산이 두 동강이로 나누어지게 되었을까요? 그 이유를 알기 위해서 구약성경 열왕기상 11장4~13절까지의 말씀을 살펴볼 필요가 있습니다. 그 이유를 구약성경(왕상 11장4~13절)에서는 솔로몬 왕의 죄 때문이라고 지적하고 있습니다. 하나님의 마음에 합한 다윗 왕의 아들 솔로몬은 역사 이래 가장 총명하고 지혜로운 임금으로서 부귀와 영화를 한 몸에 지닌 지도자이었습니다. 그의 지혜와 명성은 전 세계로 퍼져 나가 세계 여러 국가의 지도자들이 예물을 가지고 방문할 정도이었습니다. 그의 즉위 초기에는 하나님을 잘 섬겼습니다. 그의 타락의 출발점은 인간적인 지혜를 총동원한 정치적 리더십 때문이었습니다. 그는 이웃국가와 평화를 유지하기 위해서 주변국가의 공주들을 후궁으로 맞이하기 시작했습니다. 이웃 나라의 공주들이 솔로몬의 후궁으로 들어오면서 자기 나라에서 섬기는 우상들을 가지고 왔습니다. 그 여인들은 처음에는 우상들을 자기 방에다 두고 혼자서 숭배하였습니다. 솔로몬이 나이가 많아지자, 산당 건립을 요청하므로 이스라엘은 민족적으로 우상숭배의 죄악에 빠지게 된 것이었습니다. 그 결과 이스라엘 국가는 솔로몬 왕이 죽고나서 남과 북이 분단된 국가로 전락하고 말았습니다.

우리 한국교회 역시 일제치하의 신사참배를 끝까지 거부하던 장로교마저 제27회 총회에서 신사참배를 결의하였습니다. 일부 지도자를 제외한 모든 한국교회와 성도들이 전체적으로 우상숭배의 죄를 짖게 되었던 것입니다. 조국의 독립과 더불어 해방이 되었음에도 한국교회 지도자들과 성도들은 과거 신사참배에 참여한 죄에 대한 공적인 회개나 반성이 이루어지지 않았습니다. 그 대신 교회 분열만 거듭되었습니다. 회개하지 않은 한국교회와 민족을 향하여 하나님께서는 징계의 채찍을 들으시게 되었습니다. 남과 북이 영구적으로 분단되는 한국전쟁이 발생하게 되었던 것입니다. 6.25가 터지고 어려움을 당하자 뜻 있는 한국교회 성도와 지도자들이 과거 우상숭배에 대한 죄를 깨닫고 회개하는 계기가 되었습니다.

(2) 환난 중에 인간의 무기력함을 발견하게 됩니다

희랍의 유명한 철학자 소크라테스의 철학적 명제는 "네 자신을 알라"이었습니다. 가장 현명한 사람은 자신의 실체를 깨닫는 사람입니다. 자신은 어떤 기질을 가지고 있으며 자신의 장점은 무엇이고 그럼에도 불구하고 자기가 지닌 치명적인 약점이 무엇인지를 아는 사람은 위대한 사람입니다. 18세기 산업혁명이 일어나고 인권혁명과 지식혁명이 일어났을 때 인간들은 인간이 지닌 지식의 힘을 찬양했습니다. 지구촌시대를 살아가는 21세기에 걸맞지 않는 한국의 속담이 있다고 합니다. "아는 것이 병이요 모르는 것이 약이다"라는 말입니다. 21세기는 지식과 정보의 시대이기 때문에 많이 알면 알수록 무한 경쟁시대의 승리자가 될 수 있기 때문입니다. "아는 것이 힘이다"라는 말은 이미 200년전부터 유행되었던 슬로건이었습니다. 18세기의 사람들로부터 인간의 위대함을 찬양하기 시작하였습니다. 낭만주의 문화와 문학과 예술이 꽃을 피우기 시작한 것입니다. 그들은 커다란 착각 속에 빠졌습니다. 인간의 지식과 과학과 도덕이 발달되면 유토피아를 건설할 수 있다는 이상주의에 빠지게 된 것입니다. 그런데 세계 1차대전과 2차대전을 치루면서 철저하게 깨달은 교훈은 인간은 별볼일없는 존재라는 것입니다. 여기에서 허무주의가 등장하고 실존주의가 등장하게 되는 것입니다. 6.25한국전쟁에 참여하신 어느 목사님의 글에서 읽은 내용입니다. 전쟁 중에 소속 부대는 춘천에서 며칠 동안을 계속해서 행군하여 신림이라는 곳까지 오게 되었다고 합니다. 그곳에 사는 사람들은 피난을 가지 않고 그대로 평온하게 살고 있었습니다. 피곤에 지쳐 있었으므로 보초를 제외하고는 모든 병사들이 곤하게 깊은 잠에 빠졌습니다. 새벽녘에 소변이 마려워 잠이 깬 그는 분위기가 이상하여 막사로 들어가지 아니하고 주변의 동태를 살펴보았습니다. 잠시 후 국군이 야영하고 있는 곳을 향해 따발총이 발사되기 시작했습니다. 그리고 는 "비상!" 이라는 소리가 들리기 시작했습니다. 잠결에 뛰쳐나온 사람들이 총에 맞아 쓰러지는 것이 보였습니다. 포위망을 뚫고 마을로 내려가 보니 주민들이 "인민군 만세"를 부르고 있었습니다. 아군들은 괴뢰군들에게 포로가 되어 잡혀있기도 했습니다. 옆을 보니까 동료병사 중에 밥통을 들고 뛰다가 총에 맞아서 쓰러져 피를 흘리는 것이었습니다. 간신히 포위망을 뚫고 나왔을 때는 실탄이 한 발도 남지 않았습니다. 그는 포위망을 뚫고 나오면서 수많은 인민군 장교와 사람들의 시체를 보았습니다. 드디어 아군을 만나게 되었을 때 약 1개 연대가 포로가 되었고 1개 대대 병력만이 남아있는 것을 보고았습니다. 그러한 현장을 보면서 그는 인간의 죄악의 참혹함과 무기력함을 뼈저리게 느낄 수 있었다고 합니다. "하나님 이처럼 허무하고 절망스러운 죽음 앞에서 저의 남은 인생을 어떻게 살면 가장 의미 있고 보람 있게 살겠습니까?"라고 기도의 무릎을 꿇었다고 합니다. 인간의 참된 의미는 물질의 풍요에 있는 것이 아닙니다. 공산군들이 마을에 들어가면 가장 먼저 죽였던 사람들은 마을에서 학식 많고 물질이 많은 사람들이었습니다. 모든 것들이 한줌의 잿더미로 변해갔습니다. 전란 가운데 우리민족은 물질이나 그 어떤 세상의 명성이나 화려함은 아무것도 아니라는 사실을 철저하게 깨닫게 되었습니다.

(3) 환난 중에 하나님의 전능하신 능력을 발견하게 되었습니다

우리는 평화로울 때에는 하나님의 존재와 살아 계심을 인정하고 믿습니다. 그러나 하나님의 살아 계신 그 능력에 대한 생생한 신앙과 믿음은 환난과 시련의 때를 통과하면서 구체적인 기도의 무릎과 그 응답을 통해서 얻게 됩니다. 6.25동란 때 어느 분이 소속하고 있었던 부대가 운산 가까이까지 진군해 올라갔습니다. 중공군이 내려오는 것은 생각지도 않고서 파죽지세로 밀고 올라갔습니다. 태천강을 경계로 진을 치고 밤을 맞이했습니다. 밤중에 중공군이 내려와 대포를 가지고 언덕을 올라오는 소리가 들렸습니다. 아군은 중공군과 최대의 격전을 벌이게 되었습니다. 적이 가까이 올 때 일제히 사격을 가했지만 인해전술로 밀고 내려오는 적을 당할 수가 없었습니다. 전선이 무너지기 시작했습니다. 완전히 포위 된 상황 가운데 지도를 가지고 포위망을 뚫고 나오려고 시도했습니다. 그런데 어느 쪽으로 가든지 중공군이 있었습니다. 그때 논바닥에 엎드려 기도했습니다. "하나님 저를 이곳에서 살려주시면 일생을 주님을 위하여 헌신하겠습니다. 몇 번이고 하나님께 부르짖었습니다. 포위망을 뚫고 나오다가 유엔군이 탱크를 앞세워 중공군과 싸우는 것을 발견하게 되었습니다. 그때 유엔군 사이로 들어가서 중공군의 포위망을 뚫고 살아나게 되었습니다. 사실 중공군이 내려오기 전에 우리 한반도는 낙동강 이남과 제주도를 제외하고서는 전국이 인민군에게 점령당한 풍전등화와 같은 위기의 순간이 있었습니다. 그 당시 부산에 피난해 왔던 전국의 목회자들과 성도들이 예배당을 찾아가 밤을 지세워 가면서 또는 새벽마다 하나님 앞에 위기에 빠진 이 나라를 구해달라고 간절히 매달려 기도하게 되었습니다. 새벽기도회가 한국교회의 공식적인 예배모임으로 정착하게 된 것은 바로 그때부터였다고 합니다. 울부짖는 한국교회 성도들의 기도에 우리주님께서 결코 외면치 않으셨습니다. 유엔에서는 안보리가 소집되었습니다. 연합군을 파견하기로 결정하였습니다. 미국을 위시한 16개 국가의 젊은 군인들이 한국전란에 구원병으로 달려오게 되었습니다. 맥아더 장군의 인천상륙작전으로 9.28 서울수복이 이루어졌습니다. 전세는 완전히 역전되어 잃어버렸던 자유와 국권을 다시 회복하게 된 것입니다. 6.25와 같은 환난을 통해서 한국교회의 지도자들과 평신도들은 살아 계신 하나님의 능력을 몸소 경험 할 수 있었던 것입니다.

(4) 환난 중에 수많은 사명자들이 배출되었습니다

6.25참화 속에서 수많은 크리스천 젊은이들이 죽음의 사선을 넘나들면서 그들의 신앙은 소생하기 시작하였고 인생의 무상함을 깨닫게 되었습니다. 그 비참한 전쟁의 참화 속에서 하나님께서 내 생명을 연장시켜 주신다면 우리의 남은 생애는 가장 의미 있고 보람 있는 하나님 나라 건설에 헌신하겠다는 소명감이 불붙기 시작했습니다. 6.25가 끝나자마자 한국의 신학교에는 수많은 젊은이들이 몰려오게 되었습니다. 그들은 훗날 신학교를 졸업하고 목사가 되어서 70년대와 80년대 한국교회 부흥과 성장의 선구자들이 되었습니다. 그들은 인생의 진정한 의미와 가치를 깨달은 후 신학교에 와서 사명자가 되었습니다. 그 어떤 목회적인 시련이나 고난에도 결코 흔들리지 않고 사명을 감당하는 한국교회의 영적인 파숫군이 될 수 있었습니다.

미국의 펜실베이니아에 있는 윌리암 펜이라는 미국의 애국자의 동상이 높게 서 있습니다. 그런데 어느 날 아침에 보니 그 동상 앞에 여러 마리의 새가 죽어 있었습니다. 그 이유를 알아보았습니다. 철새 떼가 상공을 높이 날아가다가 날이 어두워지자 고도를 낮추다가 그만 동상에 부딪혀 죽었다는 것입니다. 어려움을 당할 때 신앙과 사명 감당의 고도를 낮추어서는 아니 될 것입니다.

< 6.25와 교회 수난 >

함께 생각해 봅시다

1. 감추인 보화에 대한 비유의 의미는 무엇입니까?

2. 한국전쟁이라는 환난 중에 한국교회는 어떤 죄악을 깨닫고 회개할 수 있었습니까?

3. 한국전쟁이 진행되는 동안 우리 민족구성원들은 무엇을 발견하게 되었습니까? (평화시에는 인간의 위대함을 발견하고 찬양하지만 환난과 역경을 만날때 인간은 비로소 자신의 무기력함과 인생의 무상함을 철저하게 깨닫고 발견하게 됩니다.)

4. "인간의 위기는 하나님의 기회"라는 서양의 격언이 있습니다. 한국교회 성도들은 6.25전란을 통해서 발견하게 된 하나님에 대한 신앙은 무엇입니까?

5. 1970년대에 이르러 폭발적인 교회성장을 이루는 데 크게 기여한 영적 지도자들은 대부분 어떤 시점에서 사역자로 헌신하게 되었을까요?

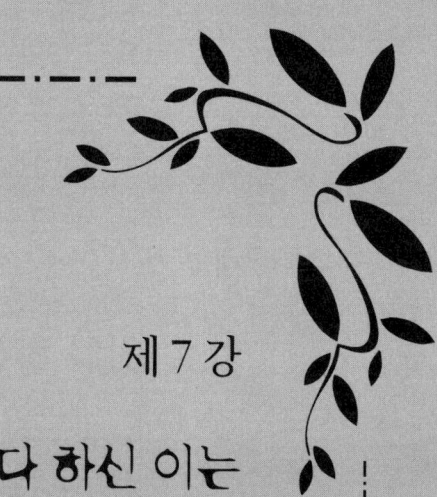

제 7 강

할 수 있다 하신 이는

(요삼 1:2)

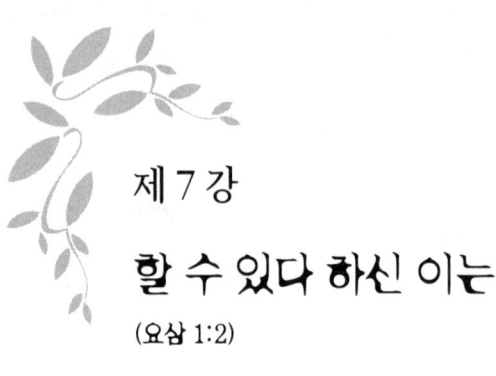

제 7 강
할 수 있다 하신 이는
(요삼 1:2)

✽ 세계교회가 깜짝 놀랐던 한국교회의 부흥

　한국동란으로 위기 속에 있었던 우리 민족은 유엔군의 도움으로 전쟁으로 인한 패망은 면할 수 있었습니다. 참전했던 16개 국의 젊은이들은 고국으로 돌아가서 전쟁으로 황폐해진 한국의 비참해진 모습만 소개하게 되었습니다. 60년대까지만 하더라도 세계 각국에서는 한국은 전쟁 고아와 거지가 많은 불쌍하고 가난한 나라로 인식 되었습니다. 한국은 아시아에서 가난한 국가 중의 하나였습니다. 그러던 우리 나라가 강력한 리더십을 지닌 박정희 대통령의 경제개발정책에 힘입어 놀라운 속도로 고도경제 성장의 신화를 창조했습니다. 박 대통령은 농촌의 근대화와 산업화의 기치를 높이 들고 소위 〈새마을 운동〉을 시작했습니다. 매월 15일마다 동사무소에서는 스피커를 통하여 "새벽종이 울렸네. 새 아침이 밝았네. 우리 모두 일어나 일터로 나가세…"란 새마을 노래로 국민들로 하여금 새로운 조국건설의 의지를 갖게 하였습니다. 뿐만 아니라 그 당시 유행했던 〈새마을노래〉 가사 가운데 "잘 살아보세 잘 살아보세 우리도 한 번 잘 살아보세"라고 하면서 경제대국의 풍요로운 비전을 국민 모두의 가슴속에 심어 주었습니다. 그와 때를 맞추어 노만 빈센트필을 뒤이어 로버트슐러 목사님의 적극적 사고가 한국교회에 소개되었습니다. 그 결과 비전과 꿈을 강조하면서 성공적인 인생을 위한 신앙의 능력을 강조하는 강단의 교회들이 놀라울 정도로 부흥하고 있었습니다. 그러한 교회의 성도들이 즐겨 부른 복음찬송은 "할 수 있다 하신 이는 나의 능력 주 하나님 의심 말라 하시고 물결 위를 걸라 하시네. 할 수 있다 하신 주 할 수있다 하신 주 믿음만이 믿음만이 능력이라 하시네"이었습니다.

세계가 깜짝 놀랐던 한국교회의 부흥은 한국사회의 고도 경제성장의 배경 속에서 긍정적이고 적극적 사고의 비전을 강조하는 메시지가 한 몫을 담당하였습니다. 그러한 메시지를 즐겨 애용하는 지도자 중에는 역동적인 성령운동을 전개하는 교회가 대부분이었습니다.

✽ 삼중 축복의 역동성과 부흥의 비결

등록교인 75만 명의 숫자를 지닌 세계 최대의 교회성장 신화를 창조한 여의도 순복음교회 조용기 목사의 성장비결의 하나는 요한삼서 1절~2절 말씀을 중심으로한 삼중 축복입니다. 삼중 축복을 요약하자면 예수를 믿으면 영혼이 잘 되고 이 땅에서의 모든 범사가 협력하여 형통하며 영과 육이 강건케 된다는 것입니다. 우리들은 이와 같은 삼중 축복을 어떻게 이해하여야 할까요?

(1) 먼저 전인구원, 전인치유의 측면에서 이해 할 필요가 있습니다

리더스다이제스트 2001년 5월호에는 "미국 조지워싱톤 의과대학생들이 영성치유를 원한다"라는 기사가 실렸습니다. 기사의 주요 내용은 2000년 가을학기부터 학부 1학년생들에게 「신앙과 건강」이란 과목을 개설하고 교회 성직자와 의사가 팀으로 강의하기 시작했다는 점입니다. 2002년 1월 24일 보스턴에 있는 하버드대학 부속병원에서는 현대 의학으로는 더 이상 치료 할 여지가 없는 83세의 노인이 강인한 믿음 하나로 건강을 유지하고 있다는 믿을 수 없는 사실을 놓고 공개 토론을 거친 뒤 믿

음이 확실하게 병세를 호전시킴을 확인하였습니다. 같은 해 5월 3일에는 애틀랜타주 조지아에서 열린 제25차 일반 내과 학회에서 또 한 번 과학적으로 증명하였습니다." 만성 병에 걸린 83세 부인과 강력한 종교적 믿음 "이라는 논문을 발표했습니다. 이것은 미국 의학협회가 기독교 신앙이 현대 의학이 치료하지 못한 질병을 치유할 수 있다는 것을 인정한 최초의 논문이었습니다.

〈조용기 목사의 요르단 성회에서〉

(2) 전인구원 개념의 성경적 이해

전인구원을 이해하기 위해서는 성경에서 말하는 건강, 질병, 치유에 대한 올바른 이해가 요청됩니다. 구약의 히브리어에서 "건강"의 뜻으로 사용된 소테리아(행27:34)는 "신체적 건강", "안녕", "안전함"을 의미하며 "구원"의 뜻으로 번역되기도 합니다. 그렇다면 질병이란 무엇일까요? 질병이란 하나님의 법을 어겨 하나님의 지배를 벗어난 전인적인 인간과 그를 둘러싼 모든 관계의 단절을 의미합니다. 그 결과 하나님과 자신과 이웃, 사회, 정치, 문화, 자연환경 파괴 부조화로 인한 온전하지 못한 상태를 말합니다. 질병은 죄로 인한 하나님과의 단절을 일차적 요인으로 하여 육체, 정신, 사회, 모든 부분과 연관된 질병이라는 것입니다.

(3) 전인치유를 위하여 정립해야 될 교훈들

① 모든 병을 치유하시는 분은 하나님이십니다.
② 우리를 향한 하나님의 뜻은 평강입니다.
③ 모든 치료 방법은 성경의 권위 아래서 행해져야 합니다.
④ 교회는 하나님이 임재하시는 영적 종합병원입니다.
⑤ 의사나 간호사 및 여러 가지 은사자들은 치유하시는 하나님의 동역자들입니다.
⑥ 치유목회자는 겸손과 긍휼 그리고 사랑을 베푸는 마음을 가져야 합니다.

⑦ 치유의 결과는 즉각적일 수도 있고 지속적인 과정을 요청할 수도 있습니다.
⑧ 완전한 치유는 하나님 나라 입성입니다. (이박행, 전인치유 목회이야기 p253~254)

비록 오순절교회의 성령론과 교회 성장신학이 지나치게 한편으로 치우쳐 있는 약점이 있음에도 불구하고 폭발적인 교회성장의 원동력을 제공할 수 있었던 신학적이며 신앙적인 기반은 그 구조가 전인구원, 전인치유의 커다란 구조를 제시하고 있기 때문입니다.

✱ 조용기 목사가 강조하는 삼중 축복의 이해

"조용기" 목사

「설교는 나의 인생」이란 조용기 목사의 저서에서 그는 삼중 축복에 대한 자신의 입장을 다음과 같이 설명하고 있습니다. 먼저 "삼중 축복의 전제조건은 예수 그리스도를 개인적으로 인격적으로 모셔들인 하나님의 사랑을 받는 자녀가 되어야 한다."는 것입니다. 그 다음은 "영혼의 잘됨"에 대한 이해입니다. 그는 신앙의 우선 순위를 강조합니다. "말씀의 순종이나 믿음, 소망, 사랑을 실천하려는 생각은 하지 아니하고 현실적인 생활문제만 급급하는 기도는 비신앙적인 것입니다." 우리는 먼저 그의 나라와 그의 의를 구하는 삶의 자세가 "영혼의 잘됨"이라고 강조하고 있습니다. 그 다음 '범사에 잘 됨'을 반드시 '물질적인 축복으로만 생각해서는 안 된다.'는 것입니다. 그러므로 그가 말하는 삼중 축복이 번영의 신학의 강조라는 타인의 비판과는 상당히 거리가 있음을 보여주고 있습니다. 특별히 전인구원, 전인치유의 측면에서 긍정적인 측면이 강하다는 사실은 솔직히 인정하여야 될 것입니다.

〈여의도 순복음교회〉

✱ 전인구원의 축복과 치유는 성령충만한 기도의 삶으로부터 시작된다는 사실을 명심해야됩니다

과테말라에 "알모롱가"라는 농촌도시가 있었습니다. 20년 전 알모롱가는 과테말라에서 가장 가난한 도시 가운데 하나였습니다. 빈곤 뿐 아니라 각종 미신과 주술, 알코올 중독, 범죄율이 높은 지역으로 악명 높았습니다. 기독교의 비율이 매우 낮았으며 전도자들은 자주 생명의 위협을 당해야만 했습니다. 그러나 현재의 알모롱가는 전혀 다른 모습입니다. 전체 인구의 90%가 기독교인이 되었습니다. 약 80%는 "스스로 거듭난 신자"라고 고백합니다. 각종 제사 의식과 주술적인 미신들이 사라졌습니다. 한때 과장하여 표현 한다면 한 집 건너 술집들이 있었던 거리에 이제는 겨우 3개 업소만 남게 되었습니다. 범죄율도 뚝 떨어졌습니다. 네 개의 감옥들이 문을 닫았습니다. 마지막 한 개 감옥도 주민들을 위한 회관으로 용도가 바뀌게 되었습니다. 그와 같은 알모롱가의 영적인 변화는 경제적인 부흥을 수반했습니다. 과거에 비하여 농업 생산량이 100%나 증가했습니다. 과거에는 한 달에 네 트럭 분의 농작물을 도시 밖으로 내보냈지만 현재는 일주일에 40대의 트럭이 농작물을 싣고 나갑니다. 한 농민은 이렇게 말합

니다... 사람들이 복음을 받아들이고 변화가 되자 농작물이 자라기 시작했습니다. 알모롱가의 놀라운 영적인, 사회적인 변화는 성령충만하였던 개신교 목사님들 두세 명이 모여서 중보기도의 무릎을 꿇으면서부터 시작되었습니다. 성령충만한 기도의 삶은 우리 자신뿐만 아니라 주변의 모든 사람들과 지역까지도 변화시켜 축복된 공동체로 치유시킬 수가 있었습니다.

✱ **전인치유는 성령충만한 찬양을 통해서도 이루어집니다**

다윗이 악기를 연주할 때 악신이 들었던 사울 왕이 치유 받은 사건을 우리 모두가 잘 알고 있습니다. 우리 몸은 하나님의 형상대로 지음 받은 인격체인데 그 인격을 형성하고 있는 영적인 질병이나 정서적 고통 등이 결국 우리의 육체까지 병들게 합니다. 정서적인 건강에 회복을 주는 일반 음악과 성령충만한 영적인 회복을 주는 찬양은 전인치유를 위한 도구입니다. 그런데 일반 은총의 영역에서도 음악은 치료의 도구가 됩니다. 그 이유는 다음과 같습니다.

첫째, 음악에는 강약이 있습니다. 강은 긴장을 주고 약은 긴장을 푸는 성질이 있습니다. 원래 유기체는 본능적으로 긴장을 한 뒤에 그 긴장을 풀고자 합니다. 강한 자극을 준 다음에 부드러운 자극을 가하면 기분이 좋아지고 안정이 됩니다.

둘째, 템포의 변화가 있습니다. 빠른 곡일수록 음이 강하고 느린 곡일수록 음이 약해집니다. 이것이 생명체의 원리에 잘 맞습니다.

셋째, 높낮이가 있습니다. 음계가 높으면 긴장이 강화되고 낮아지면 풀어집니다. 소리가 높아질 때는 숨을 들이쉬고 낮아질 때는 내쉬게되므로 호흡이 조절됩니다. 한마디로 음악은 위로의 대화입니다. (이박행, 전인치유 목회이야기 p175)

일반음악도 이처럼 치유의 도구가 되는데 하물며 영혼의 정화가 되는 찬양은 온갖 종류의 질병을 물리치는 강력한 치료의 도구가 된다는 사실을 기억해야 합니다. 서양 여러 나라에서는 최근 음악치료사(music therapist)제도가 확립되므로 음악대학원은 물론이고 의학대학원에서조차 음악치료 전문과정을 개설할 정도입니다.

✱ 전인치유는 사랑을 통해서 이루어집니다

하나님의 사랑이 어떻게 우리를 치료하실까요? 하나님은 영이시기 때문에 보이지 않지만 사랑으로 자신의 존재를 드러내 주십니다. 그 사랑은 빛이요, 소멸하지 않는 불이십니다. 내면세계의 어둠을 내쫓으십니다. 두려움, 염려, 불안, 죄의식과 관계가 있습니다. 그렇지만 하나님의 사랑이 우리 안에 가득차게 될 때 우리는 하나님 안에서 완전해지며 염려와 불안은 사라지게 됩니다. 사랑이 온전히 이루어지게 되며 담대함을 갖게 되고 어려운 현실을 뚫고 일어설 수 있는 용기가 생기는 것입니다.

서울대 의대 신경과학 연구소장 서유헌 박사는 사랑과 인체와의 상관성을 다음과 같이 밝히고 있습니다. 사랑의 감정은 생물학적으로 볼 때 도파민, 페닐에틸아민, 엔도르핀, 옥시토신과 같은 신경 전달물질들의 조화로운 작용으로 생깁니다. 그러한 조화로운 작용이 깨어질 때 사랑의 감정이 사라지고 노화가 더욱 빨리 진행되지만 조화로운 작용이 오래 지속되면 사랑의 감정이 충만하여 장수에 이를 수 있다는 연구결과가 발표되었습니다. 협심증을 앓은 적이 있는 환자를 대상으로 재미있는 연구를 했습니다. "당신의 아내는 당신에게 사랑한다는 표현을 자주합니까?" 라는 질문에 "아니오"라고 대답한 사람들은 협심증이 2배나 더 많이 나타났습니다. 하나님께서 명하신 "서로 사랑하라"는 계명에 순종할 때 건강한 삶을 누릴 수가 있습니다.

〈전인치유 목회의 선구자 이박행 목사〉

함께 생각해 봅시다.

1. 세계가 깜짝 놀랐던 한국교회 부흥의 사회적 배경은 무엇이었습니까?

2. 한국교회 부흥과 성장의 원동력이 되었던 지도자는 누구이며 그의 핵심적인 메시지는 무엇이었을까요?

3. 삼중 축복이 지나치게 현세 기복적인 메시지라는 비판이 있음에도 불구하고 놀라운 부흥의 원동력이 되었던 신학적 주제는 무엇입니까? (전인구원과 전인치유의 측면에서 매우 긍정적인 요소가 강했기 때문입니다.)

4. 전인구원 개념의 성경적 이해에 대하여 논의해 봅시다.

5. 전인치유를 위하여 정립해야 될 8가지 교훈들은 무엇입니까?

6. 전인구원의 축복과 치유는 성령충만한 기도와 찬양으로부터 시작됩니다. 특별히 음악과 찬양이 치료의 도구가 되는 배경을 살펴봅시다.

7. 전인치유는 사랑을 통해서 이루어집니다. 이 부분에서 사도 요한의 메시지가 주는 장점이 있습니다. 구제적으로 사도 요한의 메시지에 대한 적용을 나누어 봅시다.

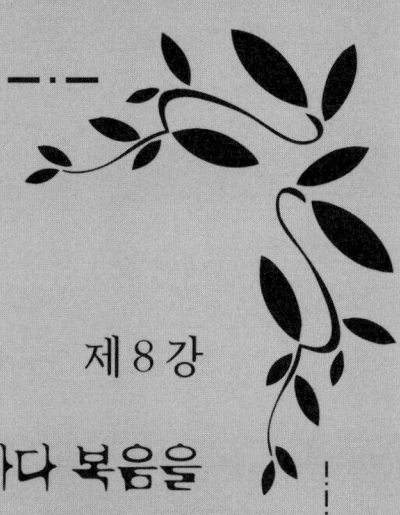

제 8 강

민족의 가슴마다 복음을

(롬 10:15)

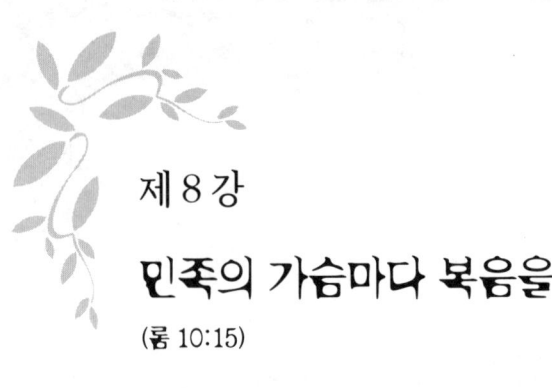

제 8 강

민족의 가슴마다 복음을
(롬 10:15)

✽ 민족복음화의 기수가 되기까지 김준곤 목사의 신앙의 배경

세계적인 선교전략가이며 한국의 지성인들을 기독교화 하는데 선구자적인 사명을 감당한 김준곤 목사는 자신의 생애를 민족복음화를 위하여 헌신하기까지 그의 파란만장한 생애와 신앙의 여정을 다음과 같이 간증하였습니다. 그는 일제 때 9개월 동안 만주에 피신해 있었습니다. 그곳에서 숨어 지내는 동안 조국의 자유를 위하여 기도했습니다. 그 후 한국동란 중에는 고향인 전남 신안군 지도 섬에서 석 달 동안 공산당의 탄압을 받았습니다. 그의 아버지와 아내를 비롯한 가족들이 목전에서 공산당

에게 죽임을 당하였고 자신도 죽기만을 기다리게 되었습니다. 그 3개월 동안 21번이나 사선을 넘는 죽음의 고비를 넘겼습니다. 2만 명의 주민 가운데서 2천 명이 죽었습니다. 그는 비탄에 잠겨 하나님을 의심하기 시작했습니다. 그의 영적인 생명은 서서히 죽어가고 있었습니다. 그런데 사망의 음침한 골짜기에서 주님의 음성을 들었습니다. 그때부터 그의 생애를 전적으로 주님께 드렸으며 하나님께로부터 민족복음화에 대한 비전을 받았습니다. 그 뒤 광주 숭일고등학교 교장으로 있다가 1957년 미국 유학 중 국제 C.C.C 총재 빌브잇 박사를 만났습니다. 그는 귀국하여 한국에 C.C.C를 시작했습니다. 1963년 겨울철에 20여 명의 간사들과 같이 민족을 위한 금식 기도를 하는 동안 민족복음화의 비전이 움트게 되었습니다.

✱ 민족복음화의 환상과 기도

1962년 2월 중순 월요일부터 금요일 오전까지 C.C.C 전국 간사 수련회가 불광동 기독교 수양관에서 열렸습니다. 한국 대학생 선교회의 총재이신 김준곤 목사는 그 곳에서 매일 민족복음화를 위하여 기도하셨습니다. 그때 했던 기도 내용을 요약 정리하면 다음과 같습니다.

"어머니처럼 하나밖에 없는 내 조국, 어디를 찔러도 내 몸 같이 아픈 내 조국, 이 민족 마을마다, 가정마다, 교회마다, 사회의 구석구석, 금수강산 자연환경에서도 하나님 나라가 임하게 하시고 뜻이 하늘에서 이루어진 것처럼 이 땅에서 이루어지게 하옵소서. 이 땅에 태어나는 어린이마다 어머니의 신앙의 탯줄, 기도의 젖줄, 말씀의 핏줄에서 자라게 하시고 집집마다 이 집의 주인은 예수님이라고 고백하게 하시고, 기업주들은 이 회사의 사장은 예수님이고 나는 관리인이라고 고백하는 민족, 두레마을 우물가의 여인들의 입에서도, 공장의 직공들의 입에서도, 바다의 선원들의 입에서도 찬송이 터져 나오게 하시고, 각급 학교 교실에서 성경이 필수과목처럼 배워지고 국회나 각의가 모일 때도 주의 뜻이 무엇인지 먼저 물어지게 하시고 국제시장에서 한국제 물건들은 한국인의 신앙과 양심이 으레 보증수표처럼 믿어지는 민족, 여호와를 자기 하나님으로 삼고 예수 그리스도를 주로 삼으며 신구약 성경을 신앙과 행위의 표준으로 삼는 민족, 그리하여 수십 만의 젊은이들이 예수의 꿈을 꾸고 인류 구원의 환상을 보며, 한 손에는 복음을 다른 한 손에는 사랑을 들고 지구촌 구석구석을 누비는 거룩한 민족이 되게 하옵소서." (김준곤. CCC와 민족복음화운동 p65~67)

✻ 민족복음화의 선언과 그 성취

1970년 12월 31일 0시 재야의 종소리와 함께 김준곤 목사는 기독교 방송 C.B.S 을 통해서 민족의 가슴마다 피 묻은 그리스도를 심어 이 땅에 그리스도의 계절이 오게 하자는 민족복음화 운동을 공식 선언하였습니다. 그 선언문의 내용을 요약하여 정리하면 다음과 같습니다.

"방금 울린 제야의 종소리와 함께 60년대가 70년대로 넘어오는 이 엄숙한 순간에 나는 나의 사랑하는 한국교회와 함께 우리들의 지상 과제인 우리 민족의 복음화를 위해 비상한 헌신과 결심을 하고 싶습니다. 200만 성도들이 총동원되어 전도로 민족 혁명을 하는 일보다 빠르고 좋은 남북 통일의 길과 민족이 잘 사는 길은 없다고 생각합니다. 우리는 지금 격변과 혁명의 열풍 시대를 살고 있습니다. 컴퓨터의 발명으로 인류는 5만 년 과거사를 하루로 축소시킬 수 있습니다. 모든 터전들이 흔들리고 있습니다. 경제, 사회, 문화, 정신구조, 사고방식, 생활 방식, 전통과 권위도 모두 흔들리고 있습니다. 윤리도 종교도 존재의 위협을 받고 있습니다. 그러나 성경에 근거하여 한 가지 예언할 수 있습니다.

전 세계적으로 미치고 자살하는 사람의 수와 알코올 중독자의 수와 마약 중독자의 수가 날로 늘어날 것이며 미신을 믿는 자와 범죄자의 수와 이혼하는 사람의 수도 격증할 것입니다. 지식이 많을수록 악의 지능지수도 더 높아질 것입니다.

한국 기독교가 70년대 민족이 예수 혁명을 못하면 그 심판을 역사적으로 받는 날이 올 것입니다. 우리가 그리스도를 심어주지 못하면 우리의 젊은이들은 히피화, 섹스화되고 광포하고 파괴적인 선동을 받게 되며 잡스러운 신흥종교들이 판을 치게 될 것입니다.

우리는 살아계신 예수를 통해서 우리 민족을 부활시키고 그 근본 혁명을 할 수 있게 하는 능력으로 살아야 하겠습니다. 혁명의 창조적 소수가 뭉쳐서 전략을 세워야 합니다. 예수 믿는 청년들에게, 한국의 학생들에게 호소하고 싶습니다. 청년들은 그 민족의 심장이요, 소망이요, 비젼이요, 감격입니다. 생각해 봅시다. 우리 국민의 55%가 농촌에 살고있습니다. 이 농촌에는 5만9천여 개의 자연 부락이 있습니다. 그 자연 부락들은 교회 부재 상태에 있습니다.

우리 농촌은 복음의 처녀지요 전도의 황금 어장이며 생명의 옥토입니다. 5만9천여 개의 자연 부락은 1357개 면 안에 산재해 있습니다. 자원하는 전도청년, 학생십자군 수천 명이 훈련을 받아서 옛날 탁발 수도승처럼 금광이나 산삼을 찾아 일생을 산으로 다니는 사람들처럼 무전 여행자처럼, 혹은 보부상처럼 마을마다 그들이 찾아가서 사랑방에서 논두렁에서 두세 사람이 모여 예배하는 교회 이전의 원색적인 교회가 10만 개만 생기면 한국농촌은 복음화 될 수 있습니다. 한국에 예수의 계절이 오고 있습니다. 교회사에 보면 선교의 중심이 예루살렘에서 로마로 로마에서 독일로 독일에서 영국으로, 영국에서 미국으로, 미국에서 다시 아시아로 왔습니다. 아시아 기독교의 중심은 한국입니다. 한국은 사상 전례가 없는 기독교의 상징적인 나라가 될 수 있습니다. 70년대가 가기 전에 한국의 정치와 한국의 경제와 한국의 교육과 한국의 문화가 입체적으로 복음화 되기 위해서 먼저 농촌마을에 수천 명의 학생 전도대를 훈련시켜 파송 할 것입니다." (김준교, CCC와 민족복음화운동 p83~89) 김준곤 목사의 민족복음화의 선언이 선포되고 이제 35년의 세월이 흘렀습니다. 그가 선포하고 기도했던 그대로 이제 한국의 모든 농촌과 어촌 그리고 산골 마을마을마다 십자가 종탑이 우뚝우뚝 솟아 있게 되었습니다. 한국의 도시 야경들은 마을마을마다 교회를 상징하는 십자가 네온싸인으로 수를 놓고 있습니다. 한국은 이제 기독교의 중심국가가 되어서 미국 다음으로 가장 많은 선교사를 파송하는 선교 선진국이 되었습니다. 뿐만 아니라 서울 장안에는 교파별로 세계 최대의 장로교, 감리교, 성결교, 오순절교회가 세워졌으며 세계 최대 규모의 신학대학원이 건재하는 기독교 초강대국으로 성장하게 되었습니다.

✱ 민족의 토양 속에 묻힌 한 밀알의 꿈

한국 민족복음화의 기수 이시며 대학생선교회 총재이신 김준곤 목사는 젊은 청년 크리스천을 향하여 민족복음화의 꿈이 성취되기 위해서는 젊은 크리스천들이 민족의 토양 속에 묻힌 한 알의 밀알이 되겠다는 비전을 가져야 된다고 다음과 같이 역설하셨습니다. "하나님 나라의 진리를 실감나게 보여주는 비유 가운데 썩어져 희생하는 한 알의 밀알 이야기가 있습니다. 우리는 예수의 생명의 배아를 지닌 작은 밀알입니다. 우리가 던져져야 될 토양도 있습니다. 밀알이 썩고 깨어지는 그곳에서 밀알의 생명이 싹트게 됩니다. 썩지 아니하면 살길이 없는 것이 밀알의 운명입니다. 그런데 밀알은 향기로운 벌과 나비를 청하여 유혹하는 향기로운 꽃이 아닙니다. 또한 열매도 아닙니다. 이 열매는 밖에 나타나는 것이 아니고 땅 속에 묻혀야만 합니다.

그러므로 우리들은 사람들에게 유명해지는 것을 추구해서는 아니 됩니다. 그런데 오늘날 한국의 크리스천들은 밑지는 것이 없습니다. 자유와 정의의 기사가 되기도 하고 자기는 이 세상을 함부로 나무랄 수 있는 입장에 있는 것으로 알고 있습니다. 연극화 되어가고 있습니다. 작은 선행 하나에도 유명 상표가 붙어있습니다. 필리핀에서 막사이사이상을 받으신 김용기 장로님을 우리 모두가 존경합니다. 가나안 농군학교에 가보면 아들 며느리 할 것 없이 아침부터 저녁까지 김장로님과 같이 뛰고 노동하고 땀 흘리는 밀알공동체를 이루어가고 있습니다. 우리 나라 의사 가운데도 무료로 빈민들을 위해서 치료하는 일을 하고 계신 분들이 있습니다.

이북에 가족을 두고 피난 왔기 때문에 수십 년 동안을 혼자 살면서 주님만을 위해서 환자들을 돌보며 주님을 증거 하는 귀한 의사 분도 계십니다. 무명의 의사들은 일선 처소에서 썩어 싹이 납니다. 일선 초등학교에서 혹은 중학교에서 혹은 가정에서 혹은 노동지에서 혹은 기업체 가운데서 혹은 장터에서 혹은 목회자 중에서 혹은 평신도 중에서 엘리야시대 바알에게 무릎을 꿇지 아니한 칠천 명(왕상 9:18) 처럼 이름 없이 무명의 밀알 들이 썩고 있는 것을 우리는 볼 수가 있습니다. 한국의 농촌전도는 결코 화려한 것이 아닙니다. 많은 낭만과 꿈을 가지고 심훈의 「상록수」를 읽고 이광수의 「흙」을 읽어보고 아름다운 꿈을 꾸면서 감미로운 생각을 갖고 농촌에 들어가는 것은 잘못된 생각입니다. 수원에 있는 새마을 연수원에 가면 그곳의 원장이신 K교수님이 계십니다. 그 교수님은 맨발의 성자 이현필씨의 제자입니다. 훗날의 역사가 증명할 것입니다. 아마 한국민족사에 새마을 운동만큼 성공한 것은 없을 것입니다. 어느 분이 그 교수에게 질문했습니다. 당신의 철학이 무엇이며 당신의 이념의 배후에는 무엇이 있습니까? 우리는 철학도 아무 것도 없습니다. 사천 년 민족의 가난을 벗어버리고 잘 살기 위해서 힘을 합해서 부지런히 일하고 길을 고치고 초가 지붕을 벗기겠습니다. 그의 철학은 행동 그 자체이었습니다. 기독교인들은 반성해야 합니다. 이론은 장황하고 말을 멋지게 하는데 비하여 생산이 없고 열매가 없는 것이 문제입니다. 우리 크리스천들은 역사의 궤도를 바꾸어 놓아야 될 입장에 있는 사람들입니다. 주님은 믿는 대로 된다고 우리에게 말씀하셨습니다. 행동하는 양심, 행동하는 비전을 가슴에 품고 민족의 토양 위에 한 알의 썩어져 가는 젊은 크리스천들이 되어야 할 것입니다.

우리는 민족복음화를 위한 하나의 종자입니다. 우리 조상인 문익점은 목화씨를 중국에서 붓통 속에다 넣어 왔습니다. 그 한 알의 목화씨 속에 한국 목화의 전체 생산이 달려 있었습니다. 슈바이처와 리빙스턴은 검은 대륙 아프리카 복음화를 위한 한알의 썩어가는 밀알이었습니다. 우리는 아프리카는 가지 못한다 할지라도 우리 농촌, 산간 벽지, 섬 등 얼마든지 우리가 썩어질 수 있는 토양이 있습니다. 유명해지려고 하지 말고 농촌으로 두더지처럼 밀알처럼 썩어지기를 바랍니다.

김준곤 목사의 민족복음화 운동은 농촌복음화만을 부르짖지는 않았습니다. 춘천 성시화 운동을 비롯하여 죄악과 음란이 난무하는 도시를 거룩한 복음의 도시로 변화시켜 놓은 도시 성시화 운동도 활기차게 전개했습니다. 그는 도시 성시화 운동의 역사적 근거로 종교개혁자 존 칼빈의 성시화운동을 그 모델로 설정했습니다.

칼빈의 제네바 종교개혁은 민주주의와 자유시장경제의 토양과 밑걸음이 되었으며, 모든 영역의 발전에 영적, 도덕적 활력소가 되었습니다. 스코틀랜드의 개혁가 존 낙스는 칼빈의 도시 제네바는 말씀의 도시, 신성한 도시라고 평하였습니다. 존다고는 "제네바는 하나님이 유일한 군주인 도시로서 낙원의 색채가 있는 도시"라고 말하였습니다. 민족복음화 운동을 지속화하면서 우선 한 도시라도 거룩하고 깨끗하고 살기좋은 도시로 만들기 위하여 춘천 성시화 운동이 1972년 계획되어 진행되었습니다.

(김준곤, CCC와 민족복음화운동 p146~159)

< 빌브라잇, 빌리그레함, 김준곤 목사 >

✱ 민족복음화의 전략으로서 소그룹 성경공부

(1) 소그룹 탄생의 배경

1960년 전남대학교 농대에 다니던 한 형제는 폐와 늑막을 앓고 입원하여 331일 동안 여섯 번 수술해서 갈비뼈를 일곱 개나 끊어 내고 한쪽 폐를 잘라 내는 고통을 겪게 되었습니다. 그는 거의 고아 같은 학생이었습니다. 그를 전도한 학생이 수술비용을 모금해서 조달했습니다. 그들이 서로의 등록금을 공동으로 부담했습니다. 이들의 모임은 12명이었습니다. 그들은 모여서 민족의 죄악을 나의 죄악으로, 민족의 고난을 나의 고난으로 대신 짊어지고 책임 의식을 갖고 말씀과 기도로 성장했습니다. 이 모임을 인도한 학생은 그들 11명을 전도한 전도자였고 이들을 키우는 목자였으며 그들을 사랑으로 보육하는 어머니였고 형이었습니다. 그 모임이 C. C. C의 순모임 태동의 출발이었습니다.

(2) 순 모임의 개념

이새의 줄기에서 나온 연한 순은 주님을 상징합니다(사 53:1~12). 우리 예수님께서는 수천 수만 명의 군중에게도 복음을 전하셨지만 핵심적인 사역은 제자 12명을 선택하여 훈련시켜 그들로 하여금 하나님 나라 건설의 주역이 되게 하셨습니다. 바울 사도도 디모데를 영적으로 양육하여 내 아들이라고 불렀습니다. 우리 주님께서도 두세 사람이 내 이름으로 모인 곳에 함께 계시겠다고 말씀하셨습니다(마 18:20). 미래에 도래할 후기 기독교 문화사회에 존재할 이상적 선교전략 단위는 순의 형태일 것입니다. 암닭이 병아리를 까는 것처럼 참여하는 모든 사람이 동질화가 됩니다. 순은 교회가 아니지만 교회이전의 교회가 될 수 있으며 순은 학교가 아니지만 학교 이전의 학교요, 학교 이후의 학교가 될 수 있습니다.

순모임의 회원들은 절대 신앙, 절대 헌신, 절대 훈련, 절대 행동의 4대

헌신을 다짐해야 합니다. 순모임의 가입 대상은 거의 대부분이 불신자로서 전도하기 위한 모임입니다. 순모임 때 하는 일은 다음과 같습니다.

① 은혜로운 찬송을 반복하여 부릅니다.

② 돌아가며 생활간증을 합니다.

③ 순으로서의 응답 된 기도에 대한 나눔을 갖습니다.

④ 성경공부(순장의 지도로 열단계교재)를 합니다.

⑤ 민족복음화 운동 전국의 진행 상황보고를 듣습니다.

⑥ 돌아가며 30분 정도 기도합니다.

⑦ 신앙일기 작성을 합니다.

⑧ 성경연구노트를 기록합니다.

⑨ 순원 심방 과제를 줍니다.

⑩ 둘씩 짝지어 손을 맞잡고 기도하게 합니다.

(3) 순모임의 목적

① 민족복음화를 성취하기 위하여 전도, 육성, 파송하는데 있습니다.

② 순은 불신자를 전도하는 그물입니다.

③ 순은 민족복음화 운동의 성취를 위한 작은 발전소입니다.

(4) 순모임의 목적달성을 위한 전략자원인 7가지 M

① Man 사람이 중요합니다. 사도행전적인 절대 신앙, 절대 기도, 절대 말씀, 절대 전도, 절대 성령, 절대 사랑의 사람이어야 합니다.

② Message 말씀이 중요합니다. 민족복음화의 비전과 전인구원을 향한 메시지가 있어야 합니다.

③ Method 방법론이 중요합니다. 사랑방 순을 백만 개 정도 만들어서 순장화시켜야 합니다.

④ Material 재료가 중요합니다. 민족복음화 요원 교재, 성구 암송카드, 계단공과(단계), 순론, 성경 읽기

⑤ Motive into mass mobilitzation 복음의 대중운동을 위한 동기부여가 필요합니다.

⑥ Meeting 만남이 있어야 합니다.

⑦ Money 재정이 있어야 합니다. 천만 성도들의 신용, 협동, 소비 조합을 만들고 금융을 한 창구로 일원화시키면 그 이자만 가지고서도 전국토를 개발할 수 있습니다. (김준곤, CCC와 민족복음화운동 p353~420)

< CCC 전국수련회 >

✸ 민족복음화 운동이 한국교회에 끼친 업적

김준곤 목사가 주창한 민족복음화 운동이 한국교회에 끼친 업적은 다음과 같습니다.

첫째, 민족복음화 운동은 모든 한국인의 가슴가슴에 그리스도의 복음을 증거하는 것입니다. 모든 한국인마다 복음을 들을 기회를 갖게 하였습니다. 이런 이유로 그는 1973년 빌리그래함 전도집회에 적극 협력했으며 그 후 엑스폴로 74년, 80년 민족복음화 등의 대형 전도집회를 주관하고 협력하므로 대중적인 복음전파에도 커다란 헌신을 하였던 것입니다.

둘째, 제자화 훈련입니다. 모든 기독교인들은 모두가 다 효과적으로 전도하여야 합니다. 그러기 위해서는 반드시 훈련을 받아야 합니다. 순모임으로 시작한 제자훈련은 한국교회 소그룹 성경공부의 효시를 이루었습니다.

셋째, 기독교의 영향력을 극대화 시키는 것입니다. 가정, 회사, 교육, 정치, 군대 등이 기독교화 될 수 있다면 주님께서 우리 민족을 통치하시는 기독교 민족이 될 것입니다. 김준곤 목사님은 대통령 조찬기도회, 국회 조찬기도회, 실업인 조찬기도회를 창립하게 하는데 주도적인 역할을 감당하였습니다. 학원복음화와 군복음화에도 지대한 관심을 기울이셨으며 한국의 정치, 경제, 학원, 군대 등의 복음화 운동에 큰 영향력을 끼쳤습니다.

넷째, 전인구원을 향한 입체적인 복음전파로 인하여 한국의 정치, 경제, 교육, 문화, 예술 각 분야의 지도급 인사들이 복음화 되는 촉매 역할을 감당하였습니다.

다섯째, 농촌복음화에 대한 비전제시와 청년 학생들의 거지 전도, 사랑방 전도, 농촌마을 봉사대 파송 등을 인하여 전국의 농촌과 어촌, 산간벽지까지 복음화 되는 원동력이 되었습니다.

여섯째, 80년대 이후의 뛰어난 기독교 지도자를 배출한 산실 역할을 감당하였습니다. C.C.C에서 도전받고 훈련받은 유능한 인재들이 목회자가 되고 선교사가 되고 신학자가 되어서 한국교회를 건강하게 성장시키는 견인차 역할을 감당했습니다.

〈엑스플로74 대회에서〉

함께 생각해 봅시다.

1. 민족의 영혼을 사랑하여 민족복음화의 기수가 되었던 김준곤 목사의 불타는 소명은 어떤 과정을 통하여 형성될 수 있었습니까?

2. 1970년 12월 31일 0시를 기하여 재야의 종소리와 함께 대학생 선교회 대표이신 김준곤 목사는 민족복음화 운동을 공식 선언합니다. 그 당시 그가 부르짖었던 농촌복음화에 대한 구체적인 전략은 무엇이었습니까?

3. 민족복음화가 이루어지기 위해서는 김용기 장로나 장기려 박사와 같은 뛰어난 신앙의 지도자들이 민족의 토양 속에 묻힌 한 알의 밀알이 되어야 합니다. 한 알의 밀알이 되기 위한 내 자신과 2세들에 대한 구체적인 꿈들을 나누어 봅시다.

4. 민족복음화는 농촌뿐만 아니라 도시 지역도 성시화 되어야 합니다. 춘천 성시화 운동에 대한 교회 역사에 등장하는 성시화의 모델은 무엇이었습니까?

5. 소그룹 제자훈련의 모임인 순모임 태동의 배경과 개념을 다시 한 번 살펴 봅시다.

6. 순모임의 목적과 그 목적 달성을 위한 일곱 가지 전략을 정리해 봅시다.

7. 민족복음화운동이 한국교회에 끼친 업적은 무엇입니까?

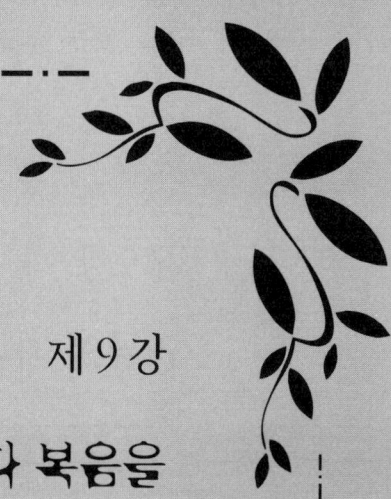

제 9 강

인류의 가슴마다 복음을

(행 1:8)

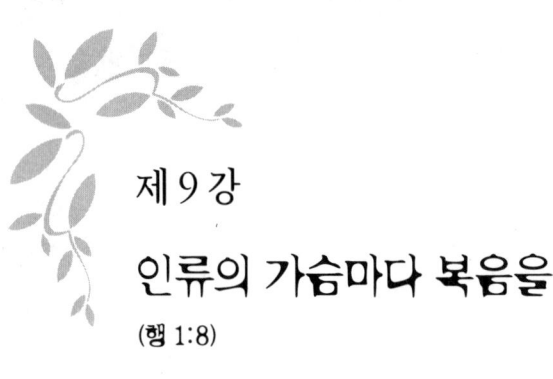

제 9 강
인류의 가슴마다 복음을
(행 1:8)

✽ 마약과 창기의 소굴을 세계선교의 센터로 바꾸게 한 성령충만한 기도의 힘

미국의 콜로라도 스프링스라는 지역이 있습니다. 영적으로 그곳은 사악했던 땅이었습니다. 그곳은 마약과 술집과 창기의 소굴이었습니다. 그런데 기도의 용사들이 그 도시에 진격해 들어갔습니다. 교회를 세우고 기도하기 시작했습니다. "하나님! 이 땅을 바꾸어 주십시오, 사악한 사탄의 땅을 하나님의 땅으로 바꾸어 주십시오." 열심히 기도하고 그곳 죄악의 도성 사람들에게 열심히 복음을 전하기 시작했습니다. 심지어 총기의 위협도 당하고 있었습니다. 그러던 중 하가드 목사님이 기도하고 있는데 어

느 날 거대한 지구본 하나가 눈앞에 둥실 떠올랐습니다. 그리고 그 지구본에 창문이 훤히 열리는데 이 지구상에 삼분의 이에 해당되는 40억 내지 45억의 인구가 복음을 접하지 못하고 신음하며 죽어가고 있는 장면을 목격하게 된 것입니다. 그 창문을 주의 깊게 살펴보니 북위 10~40도에서 살아가는 중국과 인도를 포함한 미전도 종족이 살고있는 지역이라는 것을 알게 되었습니다. 이제 그들의 기도의 폭이 넓어지게 되었습니다. 그 결과 지구상에서 복음을 접하지 못한 미전도 종족의 복음화를 위해서 기도하게 되었던 것입니다. 지구촌 전 세계에 있는 선교단체의 선교본부 70개 이상이 콜로라도 스프링스 지역으로 캠프를 옮겨갔습니다. L.A지역에 머물면서 풀러신학교 세계선교대학원을 중심으로 전 세계 부흥운동과 교회성장운동을 일으켰던 피터 와그너 박사는 세계선교와 교회성장을 연구하다가 중요한 진리를 깨닫게 되었습니다. 교회가 성장하고 선교의 열매를 맺기 위해서는 성령충만한 기도생활이 뒷받침 되어야 한다는 사실을 발견하게 되었습니다. 교회성장학이 자신의 전공분야이었는데 영성신학으로 바꾸어지게 되었습니다. 이제 와그너 박사의 중보기도실도 콜로라도 스프링스 지역으로 옮기어졌습니다. 그곳에서 그는 전 세계를 가슴에 끌어안고서 기도하고 있습니다. 마약과 쾌락의 도시가 성령충만한 용사들의 기도의 무릎을 통하여 이제는 전 세계의 영적인 부흥을 일으키는 가장 강력한 선교의 도시로 바꾸어가게 되었던 것입니다.

✽ 세계를 복음화시키는 원동력은 성령충만한 믿음의 삶에 기초하고 있습니다

기독교선교가 본격적으로 꽃을 피기 시작한 것은 18세기 유럽 교회였습니다. 그 시대는 기독교 선교만 팽창한 시대는 아니었습니다. 산업혁명 이후 잉여 생산물의 판로와 원자제 구입을 위한 정치적, 경제적 팽창 시대로 소위 제국주의 문화가 꽃을 피웠던 시대이었습니다. 그 당시 유럽 교회는 침략전쟁을 이용하여 복음을 증거하려 했기 때문에 제3세계선교가 실패하고 만 것이었습니다. 인도네시아는 기독교 선교가 시작된 지 300년이 지났음에도 불구하고 기독교가 배척받고 있는 회교국가가 되었습니다. 그 배경은 기독교 선교 역사만큼이나 식민지 통치를 받았습니다. 그들을 정치적으로 억압하였던 화란이라는 기독교 국가에서 기독교 선교사를 파송했기 때문입니다. 유럽교회 성도들은 자기들이 소유하고 있는 물리적인 힘을 이용하여 하나님 나라를 건설하고자 했습니다. 복음전파의 가장 효과적인 방법이 막강한 힘을 배경으로 하는 것이라고 잘못 생각했기 때문입니다.

하나님께서 원하시는 선교의 원동력은 성령의 권세와 능력을 덧입는 성령충만에 있습니다. 사도행전에 등장하는 사도들과 초대교회의 제자들은 복음전파의 막강한 능력을 소유한 자들이었습니다. 그들은 문자 그대로 증거하시는 성령의 불덩어리들이었습니다. 베드로 사도는 오순절 성령의 권세를 힘입어 복음을 증거 할 때 3천 명 또는 5천 명 이상의 성도들이 주님께로 돌아오는 놀라운 복음전파의 열매를 맺을 수가 있었습니다. 우리 성도들은 전도도 중요하고 세계선교도 중요하지만 기도보다 성령보다 앞서가서는 아니 될 것입니다.

〈엑스플로85 대회〉

✱ 모국교회의 부흥운동이 일어나야지 세계선교의 사명을 감당할 수가 있습니다

　사도행전 1장 8절의 내용이 중요합니다. "오직 성령이 너희에게 임하시면 예루살렘과 온 유대와 사마리아와 땅 끝까지 이르러 내 증인이 되리라"는 말씀을 분석해 볼 필요가 있습니다. 세계선교의 출발점은 예루살렘과 온 유대입니다. 즉 우리 한국교회의 입장에서 적용해 본다면 서울과 수도권의 복음화가 시급합니다. 그 후 삼천리 금수강산 방방곡곡이 먼저 복음화 되고 모국교회가 성령충만할 때 비로소 세계선교가 시작되는 것입니다. 1907년 평양대부흥운동이 일어난 직후 한국장로교 독 노회에서는 제주도에 파송하는 국내 첫 선교사가 있었습니다. 초대교회 부흥의 열기는 계속하여 선교사를 배출하게 되므로 1909년 장로교 목사 최관흘을 러시아 블라디보스톡 교포선교사도 파송했습니다. 또한 1909년 장로회 독 노회에서는 한석진 목사를 동경 한인 유학생 선교사로 파송했습니다. 국내 최초로 파송된 선교사는 1913년 중국 산동성에 파송된 박태근, 김영훈, 서명순 목사였습니다. 1970년대 민족복음화 운동을 시작하셨던 대학생선교회 대표이신 김준곤 목사께서는 1980년 1월 29일에 한국의 완전

기독화운동이란 설교를 통하여 앞으로 2천만 성도들이 세계선교를 위해서 십일조를 모으면 십만 명의 크리스천 봉사단과 선교사를 파송할 수 있다는 비전을 제시하였습니다.

그 설교를 했던 당시 한국에서 파송된 선교사 숫자는 1979년 통계에 의하면 불과 백 명도 안 되는 93명에 불과했습니다. 그러나 국내교회의 영적인 부흥과 성장은 그 이후 계속하여 선교사 파송이 늘어나므로 2006년 현재 만오천 명의 선교사가 지구촌 각국에 파송되므로 21세기 글로벌 선교의 리더 국가가 되었습니다.

세계에서 두 번째로 가장 많은 선교사를 파송하게 된 한국선교운동의 급성장이 불과 지난 사반세기에 거쳐서 진행되므로 말미암아 선교의 전문성이 크게 결여되는 결과를 가져왔습니다.

앞으로 한국선교는 글로벌화된 인력을 유지하는데 필요한 요소들을 갖추어야 될 것입니다. 국내외의 선교의 인프라를 구축하는 노력이 필요합니다. 타 문화권에서의 삶과 사역을 위한 지식 베이스의 관리와 신장, 초 문화적 리더십 양성, 초 문화 카운셀러 및 여타 전문인력 발굴과 양성을 위한 노력이 요청되는 것 입니다.

우리의 사마리아인으로 비유될 수 있는 북한 교회 재건과 북방 선교에 힘써야 할 것입니다. 연세대학교 의과대학 교수이신 전우택 박사께서 저술한 책표지가 독특하게 디자인되었습니다. 두 사람의 얼굴을 반씩 잘라서 한사람의 얼굴처럼 만들었기 때문에 괴물처럼 보이기 때문입니다. 전우택 교수는 오래 전 북한 사람들을 만난 것이 계기가 되어서 북한과 탈북자 연구를 하게 되었습니다. 연구결과 남과 북이 상당부분 이질적인 민족이 되었음을 발견하게 되었습니다. 단적인 예로 언어가 다른 뉴앙스를 갖고 있어서 의사소통부터 쉽지가 않습니다. 남한 사람들은 전구라고 하는 말을 북한사람들은 불알이라고 합니다.

문제는 언어뿐만이 아닙니다. 우리 남한 사람들의 의식에서도 북한동포는 한 형제자매처럼 여기지 않는다는 것이 문제입니다.

스티븐린턴 교수는 한국선교사의 2세로서 순천에서 출생하여 연세대학교를 졸업하였습니다. 그 후 도미유학해서 미국 컬럼비아 대학교에서 Ph.D 학위를 받고, 그곳에서 교수로 활동하고 계신 분으로 북한을 9번 다녀오신 분입니다. 그분의 강의에서 다음과 같은 우리 민족의 문제점을 지적하고 있습니다. 수년 전에 한국에서 인터뷰하면서 다음과 같은 질문을 받았습니다. 한국사람을 어떻게 생각하십니까? 좋은 점과 나쁜 점을 말씀해 주십시오, 제가 40년 동안 한국에서 살았고 한국사람과 접촉하고 있는데 세상에서 가장 좋은 친구가 한국사람입니다. 또 세상에서 제일 무서운 사람도 한국사람입니다.

한국과 북한 사이에 편지 교환이 안 되는 이유는 이데올로기, 휴전선, 냉전이 아니라는 것입니다. 월남 전쟁이 치열할 때 베트남 사람들은 남·북이 대치되어 전쟁하는 와중에서도 그들은 엽서로 기본적인 소식을 교환했다고 합니다. 한국사람들은 전쟁이 끝난 지 50년이 지났는데도 생사조차 확인되지 않고 있습니다. 그 이유가 있습니다. 한국 민족은 내 사람이다 싶으면 엄청나게 팔을 안으로 접는데, 일단 남이 되면 정말 무서운 존재가 된다는 것입니다. 한 번은 북한에 방문했더니 남쪽 사람들이 얼마나 만행을 잔인하게 저질렀는지 모른다고 공격하기에 "당신들 그런 소리 마시오. 나는 전라도 출신인데 여순반란사건 때 인민군들이 잔혹하게 사람을 죽였소." 그랬더니 북한 공산당 사람들이 절대 그런 일 없다고 잡아떼면서, "우리 인민군들은 반동분자 새끼들은 다 죽였지만 사람은 안 죽였소"라고 소리쳤다는 것입니다.

이런 의식은 남한 사람에게도 똑같은 형편입니다.

한국의 기차역에 가보면 재미난 글이 써 있습니다.

"간첩도 자수하면 우리 시민, 우리 동포" 그게 무슨 말입니까? 자수하면 우리 동포가 되지만 자수하지 않으면 한국사람이 아니라는 것입니다.

우리의 사마리아인 북방선교를 위해서 먼저 우리의 의식이 열려져야 합니다. 우리는 지나간 역사의 한, 여순반란사건과 한국동란의 한을 극복해야 됩니다. 그리고 원수를 사랑하는 마음으로 북한동족들을 품어야 합니다. 구약성경에 보면 나그네를 보호하는 법이 철저합니다. 우리들 곁에 있는 나그네는 탈북자입니다. 나그네를 사랑할 수 있는 그리스도인들은 북한동포를 포용할 수 있는 사회적인 능력을 발휘해야 합니다.

✱ 우리의 땅끝인 미전도 종족복음화를 위하여 힘써야 합니다

선교의 마지막 대상 지역인 땅끝은 미전도 종족지역입니다. 미전도 종족이란 복음을 들어보지 못해서 그들 스스로 복음화될 수 없는 종족입니다. 선교학적인 측면에서 종족당 기독교인이 3%미만이면 미전도 종족이라고 말합니다.

북위 10°~40° 지역은 대략 모로코 평야에서부터 일본, 그리고 대만의 해변에서부터 서부 아프리카를 말합니다. 지구촌의 인구 절반 이상이 살고 있으며 미전도 종족의 95%가 살고 있습니다. 이곳은 사탄의 가장 강력한 요새지라고 말할 수 있습니다.

미전도 종족선교를 위한 가장 시급하고 뛰어난 선교전략은 기도입니다. 기도는 닫혀져 있는 문을 열게하는 열쇠가 되기 때문입니다(골 4:3). 미전도 종족선교를 위해서 한국교회는 그리스도 예수의 좋은 군사(딤후 2:3)로서 영적인 무장을 해야 합니다. 모든 교회, 모든 성도들이 후방에서 기도로 지원해야 할 것입니다.

창의적인 선교전략으로 접근해야 할 것입니다. 회교권의 주민 가운데 기독교 개종이 어려운 것은 가정과 사회로부터 고립이 되어서 생존 자체가 어렵기 때문입니다. 그러므로 토착화 선교정책이 필요할 것입니다. 또한 의사, 교수, 고급 엔지니어 등 평신도 지도자들이 소명 받고 전문인 사역으로 접근하여 미전도종족을 복음화시킬 수도 있을 것 입니다.

한국 내에 근무하는 회교권 출신의 이주 근로자들을 복음화하고 훈련시켜서 현지에 다시 비밀스러운 선교요원으로 파송시키는 방법도 강구해야 될 것입니다.

<청와대를 방문한 &cowe95>

✱ 9.11테러 이후의 선교현황

총신대학교 선교대학원장인 강승삼 교수는 "한국교회 선교현황과 향후사역"이란 기독신문 제 1569호 논단에서 9·11테러 이후의 선교전략을 다음과 같이 주장하였습니다. 9·11테러사건 이후 국제 정세는 날로 악화되어가고 있습니다. 전쟁과 난민문제, 인권문제, 종교간 갈등심화현상, 민족주의 대결구도, 핵확산 조치문제 등입니다. 북미주는 9·11테러와 이라크 전쟁이후 선교사 파송 숫자가 급격하게 감소되어 가고 있습니다. 백인 선교사 운신의 폭도 좁아지게 되었습니다.

유럽은 포스트모터니즘의 영향과 세속화의 도전으로 기독교의 영향력은 현저하게 쇠락되어가고 있습니다. 반면에 이슬람교의 신자 수는 날로 증가되어가고 있습니다. 종교와 인종간의 갈등 역시 심화되고 있습니다. 이슬람 과격분자들의 테러로 인한 이슬람의 부정적인 이미지가 확산되고 있습니다. 중앙아시아는 정치적으로 친유럽과 친러시아의 대립구도 속에 민족주의 현상이 득세하고 있습니다. 이슬람의 영향력으로 인하여 기독교 선교사가 배척되는 가운데 기독교회 부흥현상이 혼재하고 있습니다. 서아시아는 불교, 힌두교, 이슬람교의 과격세력화 현상과 배타적 민족주의가 심화되고 있습니다. 다행스럽게도 그와 같은 상황에서 인도의 기독교 부흥은 계속되고 있으며 경제부흥 또한 가속화 되고 있습니다. 일부 이슬람 지역에서는 쓰나미 재난으로 인하여 고통받고 있을 때 기독교 NGO의 구제활동으로 기독교에 우호적인 정서가 싹트이게 되었습니다.

동남아시아는 기독교 선교사의 추수기를 맞이하고 있습니다. 그런 상황에서도 남부 이슬람의 세력은 태국을 거쳐서 북진하려는 시도가 계속되고 있습니다. 동북아시아는 기독교의 급속한 부흥과 핍박이 혼재되어 있습니다. 위와 같은 선교현황을 살펴보면서 다음과 같은 향후 한국교회의 선교사역의 방향이 필요합니다. 무엇보다도 2020년까지 완전 이슬람화를 꿈꾸는 회교권의 전력을 인식하고 구체적인 대안이 제시되어야 할 것입니다. 이에 대한 총체적인 전략으로 전방개척선교(Frontier Mission)를 지향해야 합니다. 전방개척선교의 목표는 건강한 토착교회의 설립입니다. 이를 위해서 전도와 제자양육이 병행되어야 합니다. 선교사들의 조화된 영성과 사명의 확신이 선행되어야 합니다. 또한 타 문화권에서의 팀 사역과 전도 방법, 제자양육의 기술과 셀 교회 전략에 익숙해야 합니다. 가장 중요한 전략은 영적 재무장일 것입니다. (강승삼, 기독신보 제1569호. 선교논단편)

함께 생각해 봅시다.

1. 미국의 콜로라도 스프링스라는 지역은 원래 마약과 창기의 소굴이었습니다. 그러한 도시가 세계선교의 센타로 변화될 수 있었던 출발점은 무엇이었습니까?

2. 세계복음화에 대한 과제를 담당하기 위하여 물질적인 자원이나 인적자원보다 더 우선적인 일은 무엇입니까?

3. 우리 한국교회의 사마리아 선교는 구체적으로 어떻게 적용할 수 있습니까?

4. 세계선교가 이루어지기 위해서는 먼저 모국교회가 부흥되어야 합니다. 1907년 대 부흥과 1970년대 민족복음화 운동이 그 후 선교에 어떤 영향을 끼치게 되었습니까?

5. 땅끝 선교의 대상은 미전도 종족입니다. 미전도 종족을 복음화하기 위한 구체적인 선교 전략들을 논의해 봅시다.

6. 미국에서 발생되었던 9.11테러사건 이후의 선교현황과 향후 선교전략들을 논의해 봅시다.

제 10 강

평신도를 깨운다
(마 28:18~20)

제 10 강

평신도를 깨운다

(마 28:18~20)

✱ 폭발적인 교회부흥과 성장이 가져다 준 문제점

민족복음화 운동이 본격적으로 전개되던 1970년대 중반부터 연간 4000여 개의 교회가 설립되므로 하루에 평균 10개 교회가 탄생되는 놀라운 결과를 가져왔습니다. 개신교 선교 100주년을 전후하여 전 인구의 사분지 일에 해당하는 1천만 명이 기독교인이 되었다고 말할 수 있을 만큼 경이적인 부흥을 이룩하게 되었습니다. 교회가 그처럼 성장하게 된 배경을 옥한흠 목사는 다음과 같이 분석하였습니다. 민족복음화의 비전을 가지고 그들의 가슴을 복음의 불길로 타오르게 하였던 복음주의 선교단체의 지속적인 복음화 운동이 한국교회 부흥의 견인차 역할을 감당하였습니다. 그 밖에도 오순절운동의 거센 열풍이 휘몰아친 영향, 그리고 그와 같은 외부적인 도전에 크게 자극을 받은 교회 자체의 영적 각성 운동을 중요한 요소로 손꼽았습니다. 거기에 한 가지 더 알파요인이 있었습니다. 그것은 오랫동안 계속된 정치적, 사회적 불안 요인이 교회성장에 긍정적인 기여를 했다는 사실입니다. 어린 소년, 소녀들이 청년기에 접어드는 사춘기 때에는 갑작스럽게 육체적인 성장과 성숙이 이루어지는데 그때 찾아오는 병이 성장통입니다. 한국교회 역시 짧은 시간에 성경적인 세계관과 가치관이 충분하게 정립되기도 전에 먼저 양적인 팽창이 급속하게 증가하다보니 여러 가지 문제점들이 노출되었습니다. 양적 성장에 급급한 나머지 한국교회가 맞이한 후유증을 옥한흠 목사는 「삼허현상」으로 분석하였습니다. 그것은 허수, 허세, 허상입니다. 하나님은 한 영혼을 천하보다 귀하게 생각하시는데 한국교회 목회자와 성도들은 지나치게 숫자에만 급급하여 교인 통계 수에 허수가 자리잡게 되었습니다. 여기에 대한 비난이 일어나자 요즘 대부분의 대형 교회들은 아예 주일의 예배인원 성도 숫자를 기재하지 않을 정도에까지 이르게 되었습니다. 이제 한국교회는 허수를 실수로 궤도를 수정하는 양심 운동이 전재되어야 할 것입니다.

「허세」는 사회 각 분야마다 교회를 다니는 사람들이 많은데 비하여 그 영향력이 미미한 것을 가리키는 말입니다. 한때는 국가의 최고 통수권자로부터 시작하여 행정부의 요직과 재계, 금융계 등 요소요소에 크리스천들이 없는 데가 거의 없었습니다. 모 신문기사에 의하면 93~97년까지 장·차관으로 있었던 인사들 중에 기독교 신자의 비율이 67.8%에 이룰 정도가 되었습니다. 안타깝게도 사회는 전혀 변화되지 못하였고 오히려 영적, 도덕적 타락은 가속화되어 갔습니다. 「허상」은 한국교회에 몸 담고 있는 대부분의 평신도들의 신앙이 생활과 일치하지 못하고 있는 현상입니다. 그와 같은 모습은 크리스천들의 사회생활이 불신자들과의 차별성을 보이는데 실패하고 있는 현상을 가리키는 말입니다. 맛을 잃은 소금이 사람들의 발에 짓밟히듯. 이제 교회는 점점 세상 사람들의 비판의 대상이 되고 말았습니다. (옥한흠, 다시쓰는 평신도를 깨운다 p22~32)

✱ 평신도를 깨워야 교회가 건강하게 살 수 있다

교회 안에는 99% 이상의 평신도가 있습니다. 오순절 이후 사도행전에 등장하는 역동적인 교회의 모습은 사도의 가르침을 받아서 변화 된 새 생활을 추구하던 평신도들이었습니다(행 2:44~47).

평신도는 하나님의 백성이며 교회를 이루는 중요한 구성요원으로서 그리스도 몸의 소중한 지체들입니다. 그러나 불행하게도 많은 교회에서 평신도들이 깊은 잠에서 헤어나오지 못하고 있습니다. 평신도를 깨워서 건강한 교회로 성장하기 위해서 목회자는 날마다 교회가 무엇인가?를 물어야 합니다. 목회자가 교회를 어떻게 보느냐에 따라서 그의 목회철학이 달라지게 되기 때문입니다. 교회가 무엇이며 왜 교회가 존재하는지를 물어보고 스스로 대답할 수 있어야 합니다. 보수적이고 정통적인 대부분의 한국교회들이 경직되고 형식화 되고 바리새인화 되어버린 이유가 있습니다. 한국은 기독교 복음이 들어온 지 채 오십 년도 안 된 상황에서 신학논쟁이 벌어졌습니다. 그 후 계속된 교회 분열은 항상 신학적 명분을 앞세워서 분파가 형성되었기 때문에 성경 66권이 정확무오한 하나님의 말씀임을 믿는 것만이 대단한 신앙인으로 착각하고 사회봉사나 전도 등에는 관심을 갖지 않게 되었던 것입니다. 현대 목회자들은 종교개혁자들이 주장한 교회의 3대 표지인 말씀선포, 성례식의 집행, 권징의 집행 등의 전통적 교회관에만 머물러서는 안 될 것입니다. 신약교회가 강조하는 교회의 사도적 본질에 눈을 떠야 할 것입니다. 사도직의 계승은 어느 개인이 대신하거나 대표할 수 없습니다. 누가 사도들의 계승자가 될 수 있는가? 한

스킹은 교회가 사도들의 계승자가 되어야 한다고 강조하고 있습니다. 소수의 개인이 아닌 전 교회가 사도의 계승자라는 것입니다. 교회의 모든 지체들은 예수 그리스도의 복음을 선포하기 위하여 세상으로부터 부름 받은 하나님 나라의 새로운 백성들이기 때문입니다.

어떻게 계승될 수 있을까요? 그것은 사도의 교훈을 계승하는 것을 의미합니다. 사도들의 증거를 그대로 믿고 고백해야 할 것입니다. 교회가 사도직을 계승하기 위해 명심해야 될 또 다른 것은 사도의 사역을 계승하는데 있습니다. 그 사역을 계승하기 위하여 성령님과 사도들의 사역의 역동성을 이해해야 합니다. 성령은 교회의 입을 열게 하시지만 사탄은 입을 닫게 합니다. (옥한흠, 다시쓰는 평신도를 깨운다 p 95~102)

✱ 평신도를 예수의 제자로 훈련시켜야 한다

교회는 오랫동안 제자의 개념에 대해서 눈을 뜨지 못하고 있었습니다. 제자를 삼으라는 말씀을 전도하라는 정도로만 이해하고 있었습니다. 네비게이토선교회의 개척자 도슨트로트맨이 예수님의 대사명(마 28:18~20)을 읽다가 깨달음이 있은 후에 제자화 운동은 큰 영향력을 발휘하게 되었습니다. 제자도란 믿는 자의 삶이요 걸어가야 할 과정이며 끝까지 지향해야 될 목표인 동시에 교회의 사역 자체라고 말 할 수 있습니다. 잘못하면 목회자는 자기 눈에 좋은 제자를 만들 수 있습니다. 내가 너희에게 분부한 모든 것(마 28:19)이 제자도에 다 들어 있습니다. 제자화 전략은 결론적으로 설명하자면 평신도를 정예화 하자는 운동입니다. 평신도를 예수의 제자로 만드는데 실패하게 된다면 교회 안에 거세게 들어오는 세속 주의, 불건전한 성령 운동, 형식주의, 물질주의 등의 물결을 막아내지 못하게 될 때 현대교회는 침몰하고 말 것입니다. 가르침의 깊이가 없이 계속되는 교세의 확장은 훗날 교회를 허약하게 만든다는 사실을 현대 한국교회의 영적 지도자들은 심각하게 새겨들어야 할 것이라는 옥한흠 목사의 충고는 1990년대에 이르러 입증되었습니다.

〈 사랑의교회 전경 〉

✽ 어떻게 훈련시켜야 될 것인가

옥한흠 목사가 주장하는 평신도를 깨우기 위한 기본적인 훈련 내용은 다음 세 가지로 요약할 수 있습니다.

첫째, 하나님의 말씀입니다. 누구든지 참 제자가 되려면 하나님의 말씀 안에 거하지 아니하면 안 됩니다(요 8:31). 그 말씀은 영생을 얻게 하며 새 생명을 나누고 영적 교제를 통하여 풍성한 기쁨을 누리게 합니다. 구원의 확신을 가져다 주고 예수의 제자로서 온전한 인격과 삶을 형성시켜 줍니다.

둘째, 지도자의 모범입니다. 예수님은 제자들에게 진리를 이론으로만 가르치시는 선생님으로 그치지 아니했습니다. 가르치시는 대로 사셨던 분입니다. 예수님의 가르치심이 능력이 있었던 것은 그의 교훈이 삶과 일치하셨기 때문이었습니다.

셋째, 예수님의 표현의 독특성은 제자들에게 사역 현장을 생생하게 경험할 수 있도록 기회를 제공해 주셨다는 사실입니다. 경험적인 지식은 생활현장을 가까이 접하고 직접보고 귀를 기울이는 데서 보여지기 때문입니다. 훈련 교재들은 우선적으로 복음을 가르칠 수 있어야 합니다. 복음의 능력을 제대로 접해보지 못한 교회 안에는 형식적인 크리스천들이 상당수 있기 때문입니다. 교재의 내용은 극단적으로 치우쳐 있어서는 아니 됩니다. 균형 잡힌 신학의 체계가 뒷받침 되어야 합니다. 말씀의 적용이 강조되어야 합니다. 교리적인 뼈대가 견고하게 뒷받침 되어야 합니다. 목회자의 철학이 반영되어야 하며 가능하면 귀납적인 방법론이 효과적입니다. (옥한흠, 다시쓰는 평신도를 깨운다 p218~225)

✱ 소그룹 모임으로 운영하는 것이 효과적이다

제자훈련의 모델적인 모형은 반드시 소그룹 모임이 되어야 합니다. 소그룹이 될 때 구성원들 사이에 인격적인 상호작용이 일어나기 때문입니다. 초대교회의 신약 성경에 나타난 모습이 바로 가정교회 구조로의 소그룹 모임이었습니다. 소그룹 모임은 복음의 이해와 적용에 있어서 구체적인 성격을 띠고 있으므로 신앙성장이 눈에 보이게 열매를 맺을 수 있습니다. 또한 그룹 애착심의 원심력으로 인하여 소그룹 모임 구성원들간의 사랑의 교제가 자연스럽게 이루어질뿐만 아니라 각자의 간증을 통하여 소위 카타르시스적인 치료요소도 갖고 있습니다. 말하고 싶었던 것들을 참고 있다가 소그룹 구성원들이 서로를 신뢰하게 될 때 평소 자기의 고민거리나 가정사 등을 고백하므로 자연스럽게 치료할 수 있는 계기가 됩니다. 더 나아가 기도제목을 서로 나누게 되므로 문제해결을 위한 기도의 응원단들을 얻게 되므로 성령께서 역사하시는 영적 치유도 경험하게 됩니다. (옥한흠, 다시쓰는 평신도를 깨운다 p238~249)

"옥한흠" 목사

"오정현" 목사

✱ 한국복음주의 운동에 기여한 사랑의교회

총신대학교의 박용규 교수는 "한국교회를 깨운 복음주의 운동"이라는 그의 저서에서 한국 복음주의 교회 성장의 모델적인 교회로 사랑의교회를 추천하고 있습니다. 사랑의교회가 한국복음주의 운동에 기여하게 된 가장 중요한 동력은 담임목사의 목회철학에 있습니다.

첫째, 교회에 대한 새로운 정의입니다. 교회가 부름 받은 자이면서 동시에 보냄을 받은 자라는 정의는 한국교회로 하여금 세상을 향한 그리스도인들의 책임감을 고취시켜 주었습니다. 교회를 택함받은 자의 모임이라고 정의할 경우 교회 구성원들과 그들을 지도하는 당회원들과 목회자들에게 특권의식을 불러일으킬수 있습니다. 그렇게 될 때 본래의 교회 사명감당에 실패할 가능성이 크다는 것입니다. 그러나 교회는 택함받은 자의 모임일 뿐 아니라 동시에 세상으로 보냄을 받은 자의 모임이라는 두가지 사명을 강조할 때 교회의 구성원들은 세상의 빛과 소금의 역할을 감당할 수 있는 성숙한 신앙의식을 형성하게 되기 때문입니다.

둘째, 사랑의교회 목회철학의 두 번째 핵심은 사도성의 회복입니다. 옥한흠 목사는 마태복음 28장 19절 이하와 사도행전 1장 8절에서 말씀하실 때 세상에 나가 증인을 삼으라고 하신 "너희"라는 말을 사도에게만 국한 시켜서는 안 된다고 주장합니다. 물론 사도직은 사도들에게만 국한되지만 복음전파를 통한 제자화의 사명은 모든 그리스도인들에게 동일하게 해당되기 때문입니다.

셋째 사랑의교회 목회철학의 세 번째 핵심은 만인제사장 원리의 회복입니다. 한국교회에는 다분히 하나님 - 목회자 - 평신도라는 중세 성직주의 사고가 깊숙하게 자리잡고 있으므로 목회자는 평신도와 하나님의 사이의 중재자라는 인식의 경향성이 짙었습니다. 사랑의교회 제자훈련은 교회에서 평신도들의 중요성을 새롭게 인식시켜 주었습니다.

위와 같은 목회철학으로 제자훈련에 심혈을 기울인 결과 사랑의교회는 평신도들을 예배의전적인 형식적 기독교인으로부터 생명의 말씀으로 양육 받고 전도하는 성경중심의 기독교인으로 체질을 개선시키게 되었습니다. 조금 과장해서 표현하자면 20세기 종교개혁 운동이 전개되었던 것입니다. 교회로서의 기능을 회복하게 되자 대사회적인 봉사 활동에도 앞장서게 되었습니다. 미국의 근본주의 신앙운동의 약점은 교리적 축소주의로 인한 분리주의, 반지성주의, 반사회적인 이원론적 기독교신앙 운동이었습니다. 근본주의 전통에 서있는 한국의 보수주의 교회들은 사회적 책임을 외면하거나 무관심하므로 한동안 젊은이들을 가톨릭이나 정치신학을 주장하는 진보주의 교회에 빼앗기게 되었습니다. 손봉호, 옥한흠,

홍정길, 하용조, 이동원, 한철하, 김준곤 목사 등이 중심된 한국교회 복음주의 진영에서는 그리스도인들의 대사회적 봉사를 주장하게 되었습니다. 그 중심에 새로운 교회관을 부르짖었던 사랑의교회가 한 몫을 담당하게 되었던 것입니다. (박용규, 한국교회를 깨운 복음주의운동 p 242-267)

함께 생각해 봅시다.

1. 폭발적인 부흥과 성장이 한국교회에 가져다 준 문제점들은 무엇입니까?

2. 건강한 교회가 되기 위하여 목회자들이 해야 될 필수적인 사역의 자세는 무엇입니까?

3. 평신도들을 예수의 제자로 훈련시킬 수 있는 구체적인 전략 세 가지를 이야기 해 봅시다.
   ① 예수님의 말씀
   ② 지도자의 모범
   ③ 적용이 중심되는 살아있는 교육

4. 소그룹 성경공부와 훈련의 성경적 근거는 무엇입니까?

5. 종교개혁자들의 전통적인 교회의 표지는 정당한 말씀 선포, 세례, 권징입니다. 신약교회의 관점에서 첨가해야 될 주제는 무엇입니까?

6. 사랑의교회 목회철학이 한국교회 복음주의 운동에 끼치게 된 영향력은 무엇입니까?

제 11 강

한국교회와 사회윤리

(요삼 1:4)

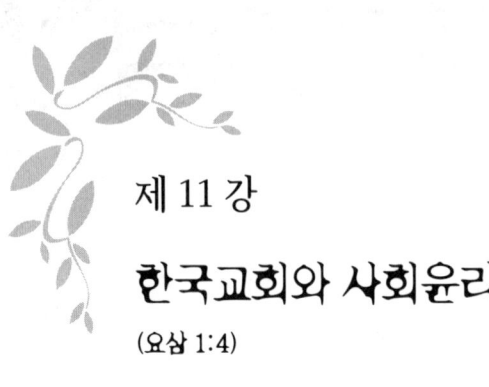

제 11 강

한국교회와 사회윤리

(요삼 1:4)

✲ 하나님의 기쁨과 즐거움이 되는 성도의 삶

부모에게 있어서의 기쁨과 즐거움은 자녀들이 건강하고 밝게 자라나는 모습을 보는 것입니다. 학교에서 모범상이나 우등상을 받는 아이들이 그 상을 가지고 가장 먼저 보여주고 싶은 사람은 자신의 부모입니다. 언젠가 어느 대학교의 철학교수께서 토크쇼에 나와서 했던 이야기가 쉽게 잊혀지지 않습니다. 아나운서가 그 교수에게 질문하길 교수님께서 그토록 많은 저술활동을 하게 된 어떤 동기가 있었습니까? 저는 학문을 좋아하는 학자로서 보다 더 어머님께 효도하는 마음으로 많은 책을 더 낼 수가 있었습니다. 저희 어머니는 제가 대학 강단에 서게 된 것을 무척 좋아

하실뿐만 아니라 학자는 모름지기 자신의 연구 저서가 많아야 된다고 말씀하시면서 책을 한 권씩 펴낼 때마다 뛸 듯이 기뻐하셨습니다. 어머님께 기쁨을 드리기 위하여 밤잠을 자지 아니하면서 금쪽 같은 시간들을 아끼어서 많은 논문을 쓰고 책들을 저술하게 되었습니다. 무척 감동적인 이야기입니다. 성도 여러분! 하나님 아버지께 기쁨과 즐거움을 드리는 성도의 삶은 무엇일까요? 하나님의 자녀들이 진리 안에서 생활하는 모습을 보고 듣는 것이 믿음의 가장 큰 효도가 될 것입니다.

✱ 한국교회 120여 년 동안의 역사 가운데서 하나님의 마음을 기쁘고 즐겁게 하였던 신앙적인 일들은 무엇입니까

(1) 기독교 선교 초기에 행해졌던 애국과 충절의 민족운동을 들 수 있습니다. 물론 기독교의 복음전파가 민족운동이 그 일차 목표일 수는 없습니다. 초기 한국교회의 민족운동의 원동력은 구약역사에 나타난 메시아 사상이었습니다. 그러나 구약의 역사를 오늘 이 시대 교회 역사에 직접적으로 적용하는 것은 매우 위험스러운 요소

가 있습니다. 구약의 히브리 백성들에게서 보여지는 민족운동은 그 자체가 기독교의 구원 역사이었기 때문입니다. 그렇다면 교회 시대의 민족운동은 어떻게 접근해야 될까요?

　　두 가지 측면에서 그 의미를 평가할 수 있습니다. 먼저 일반 은총에 나타난 하나님의 절대주권과 공의의 차원에서 긍정적인 평가를 내릴 수가 있습니다. 역사의 주권자가 되시는 하나님께 민족의 주권을 회복할 수 있도록 간구하는 것은 신앙인의 올바른 모습이기 때문입니다. 두 번째는 기독교 복음전파를 위한 선교 전략적인 측면에서 긍정적인 평가를 내릴 수가 있습니다. 기독교인의 애국 애족의 민족 운동자체가 기독교 복음은 아닙니다. 그러나 이 땅에 살아가는 수많은 불신앙적인 동족들에게 기독교인이 최선을 다하여 나라를 사랑하게 될때 기독교에 대하여 우호적인 인상을 심어주므로 전도의 계기를 마련할 수 있습니다. 구한말 구국기도운동, 3.1만세사건, 국책보상, 물산장려운동과 같은 소위 기독교인이 주도한 민족운동 등은 많은 사람들을 천국의 백성으로 인도하게 하는 복음의 접촉점의 역할을 감당할 수 있게 하였습니다. 이런 측면에서 기독교의 민족운동은 긍정적인 평가를 내릴 수 있습니다.

(2) 1907년 평양대부흥운동을 들 수가 있습니다. 철저한 회개기도와 말씀공부를 중심한 1907년 대부흥운동은 이 땅에 수많은 백성들을 하나님의 자녀되게 하는 구원의 문을 활짝 열게 하였습니다. 대부흥운동 이후 곧 전개된 100만 구령운동은 삼천리 금수강산을 복음화시키는 첫 출발점이 되었습니다.

(3) 신사참배 반대와 6.25동란시 신앙의 순결을 지키기 위하여 수많은 목회자들과 평신도들이 투옥당하였습니다. 순교의 피를 흘리는 믿음의 선배들이 있었기에 오늘날 한국교회는 그들의 순교의 희생 위에 견고하게 세워질 수 있었습니다.

(4) 민족복음화 운동으로 전국의 농촌, 어촌 산간벽촌마다 교회가 들어서게 되었습니다. 도시의 마을마다 십자가 네온싸인으로 수놓게 된 교회의 급성장과 영적 각성 등의 부흥운동이 한국을 명실공히 기독교 선진국이 되게 하였습니다. 그리하여 한국교회가 세계선교의 선두주자로 쓰임 받게 된 것은 하나님께 영광돌릴 수 있는 놀라운 축복으로 간증할 수 있습니다.

(5) 평신도를 깨우는 제자훈련과 소그룹 성경공부운동은 바리새적인 신앙의식을 깨뜨리고 말씀 중심적인 제2의 종교개혁으로 긍정적인 평가를 내릴 수 있습니다.

< 면단위 주일학교 교사 전도훈련 >

✱ 한국교회 120여 년의 역사 가운데서 하나님의 마음을 섭섭하게 하였던 불신앙적인 일들은 무엇입니까

(1) 교회의 순결을 상실하게 했던 신사참배의 문제입니다. 우상숭배의 탄압에 무릎을 꿇은 교회의 지도자들은 예배시간에 시국강연과 국방 헌금 등을 시행하므로 큰 죄악을 범하게 되었습니다.

(2) 해방 이후 탄생한 제1공화국은 친 기독교적인 정권이었습니다. 초대 이승만 대통령은 독립운동가 출신으로서 기독교계의 유능한 장로이셨습니다. 초대정부에 발탁된 정부와 국회의 지도자들 가운데 크리스천들이 절대적으로 큰 영향력을 끼쳤습니다. 그럼에도 불구하고 자유당 정권의 부패와 삼선 개헌시 헌법에도 명시되어 있지 않은 사사오입 계산법을 억지로 적용하여 장기집권을 불법적으로 자행할 때 교회는 침묵하므로 부정부패에 동조하는 큰 죄를 범하였던 것입니다.

(3) 그와 유사한 사례가 훗날 다시 재연되었습니다. 제3공화국 시절 박정희 정권은 3선 개헌 이후 영구적인 장기집권을 위하여 유신헌법을 만들고 제4공화국이 출범하게 됩니다. 이때 보수적인 교단의 지도자들은 3선 개헌에 대한 환영성명서를 채택하였습니다. 그들은 유신정권에 대해서는 정교분리 원칙과 롬 13:1~7의 말씀을 자의적으로 해석하여 독재정권을 옹호하는 돌이킬 수 없는 과오를 범하고 말았습니다.

(4) 기독교가 급성장하는 동안 한국교회의 성령운동과 삼중 축복이 지나치게 현세적인 축복 강조로만 흐르게 되었습니다. 한국교회 성도들의 역사의식이 미래 지향적인 완성될 천국의 소망보다는 현실 세계에서의 물질성공과 축복만을 강구하는 기복사상으로 치우치는 신앙적 불균형을 이룬 그릇된 신앙의식을 자주 지적받고 있습니다.

✱ 건강한 신앙의식을 형성하기 위해서는 신구약성경 66권의 전체적인 맥락에서 크리스천의 올바른 역사의식이 형성되어야 합니다

(1) 하나님의 절대주권을 인정하고 믿어야 합니다(롬 11:36). 성도들은 자신의 생각과 뜻대로 인생을 살아서는 안 됩니다. 인생과 역사의 주인이신 하나님의 뜻을 따라서 삶을 살아가야 합니다. 그 하나님의 뜻을 깨닫기 위해서 끊임없는 성경공부와 말씀 묵상이 필요합니다.

(2) 역사의 중심은 예수 그리스도의 구원 사역입니다(엡:10). 인간의 범죄와 타락이 하나님 왕국의 왕권을 도적질 당하게 되었습니다. 그러나 메시아 되신 예수께서 역사 속에 오심으로 빼앗긴 왕권을 되찾게 되었습니다. 그리스도의 구속사역으로 인류와 세상의 구원이 가능하게 되었기 때문입니다.

(3) 크리스천 모두에게 역사적인 소명이 있습니다. 하나님의 형상대로 지음 받은 인간에게 하나님께서는 고귀한 사명을 인간에게 주셨습니다. 그것은 하나님께서 창조하신 땅을 다스리고 지배하는 사명입니다. 우리가 살고 있는 이 세상에 하나님의 통치가 나타나도록 해야 할 것입니다. 정치, 경제, 문화, 교육, 과학, 예술 등 모든 영역에서 하나님의 통치가 나타나도록 힘써야 할 것입니다.

(4) 로마서 13:1~7의 해석이 중요합니다. 롬 13:1에 모든 권세는 하나님께로부터 왔다는 말씀에 그 초점을 맞추어야 합니다. 하나님이 정치권력을 비롯한 모든 권세 혹은 권위의 주인이시며 원천이시라는 뜻입니다. 또한 이 본문은 공직자들이 하나님의 종들임을 보여

주는 말씀입니다. 그들에게 주어진 특수한 임무는 사회질서 유지와 정의구현 및 국민들의 복지 향상입니다(롬 13:3).

지금은 가려져있지만 궁극적 의미가 알려질 때가 있습니다. 그러므로 크리스천들은 역사 안에 살면서도 역사를 초월하며 사는 존재들이 되어야 할 것입니다. 종말론적인 구속사관이 필요합니다. 천국은 지금 이곳에서 시작되었지만 아직 완성되지는 못했습니다. 예일대학교 역사신학자 펠리칸교수는 "기독교 신앙의 핵심은 현세에 대한 비관주의와 하나님께 대한 낙관주의이다."라고 말하였습니다. 지상에서 시작된 하나님의 나라는 결코 완전하지 못합니다. 가라지비유가 이 진리를 잘 보여주고 있습니다. 그러므로 우리는 역사적 사건의 궁극적 의미는 모호성을 그대로 인정해야 합니다.

함께 생각해 봅시다.

1. 하나님께 기쁨과 즐거움을 드릴 수 있는 성도의 삶은 무엇일까요?

2. 한국교회 역사 가운데 하나님께 기쁨을 드릴 수 있었던 신앙 운동 등을 구체적으로 이야기 해 봅시다.
   ① 선교초기에 일어났던 한국교회의 민족운동
   ② 1907년 대부흥운동
   ③ 신사참배 반대운동과 한국 전쟁시의 수많은 순교자 탄생
   ④ 민족복음화 운동
   ⑤ 평신도를 깨우는 제자훈련

3. 기독교의 진리는 민족의 독립이나 민주화 운동과는 직접적인 연관이 없습니다. 어떤 측면에서 성도들은 그러한 사회운동에 적극적으로 참여 할 수가 있습니까?
① 일반운총의 영역에서 살펴볼 수 있습니다.
② 민족공동체를 복음화 시킬 수 있는 선교의 접촉점으로 높이 평가 될 수 있습니다.

4. 한국교회 지나간 역사 가운데 하나님의 마음을 섭섭하게 했던 불신앙적인 일들은 무엇입니까?
① 신사참배와 같은 우상숭배의 죄
② 해방 이후 친 기독교정권의 부정부패와 한국교회의 침묵 동조
③ 성령운동과 삼중 축복이 지나치게 현세적인 축복으로 흐르는 균형이 상실된 번영의 신앙의식

5. 건강한 교회와 성도들이 되기 위한 크리스천의 역사의식은 무엇입니까?

6. 로마서 13장1~7절에 대한 올바른 이해를 위한 해석은 무엇입니까?

제 12 강

2007년
대부흥운동을 꿈꾸며
(느 8:1~18)

제 12 강

2007년 대부흥운동을 꿈꾸며
(느 8:1~18)

✱ 21세기 한국기독교의 강은 어디로 흘러가야 할까요

어느 외국인은 한국교회를 "기도 많이 하는 교회", "전도 열심히 하는 뜨거운 헌신과 봉사가 많은 교회", "성령과 말씀을 강조하는 교회" 그래서 비교적 사도행전에 나타난 이상적인 교회의 모델이 될 수 있다는 긍정적인 평가를 한 글을 읽어 본 적이 있습니다. 하지만 아쉽고 안타까운 요소들이 많이 있는 것도 사실입니다. 사랑이 없고 지나치게 배타적이어서 교회나 교단분열이 많은 교회입니다. 사도행전의 교회처럼 서로 유무상통하는 공동체적인 교회의 일치감이 부족하며 지나치게 교회 중심의 목회 구조와 교회성격도 문제점 중의 하나입니다. 성결생활보다는 제사적 요소가 우선하므로 성도의 숫자가 많은 것 만큼 거의 매일같이 언론에 고발 보도되는 비리 현상들도 많습니다.

한국교회는 열심히 모이고, 헌금하고, 예배 드리며, 선교사도 엄청나게 많은 인력을 파송함에도 불구하고 거룩한 삶의 모습으로 불신자들과 차별화 되는데도 실패하고 말았습니다. 서로를 격려하고 사랑하는데 익숙치 못하므로 교회가 그리스도 안에서 하나로 뭉치는데 낙제점수를 받을 수 밖에 없는 현실입니다.

어떤 의미에서 근래 한국교회는 에베소교회와 같은 전철을 밟아가고 있습니다. 에베소교회가 처음 열심과 사랑을 상실하므로 경고를 받았습니다. 그러나 끝까지 회개치 않으므로 촛대가 옮겨지고 교회 역시 역사의 무대에서 사라져버리고 말았던 교훈을 깊이 새겨 새롭게 시작해야 될 시점에 직면하고 있습니다. 이제 21세기에 우리 한국교회가 새롭게 각성되고 변화되기 위해서는 1907년 대부흥운동 일세기를 맞이한 시대적 상황 가운데 새로운 부흥운동을 꿈꾸어야 합니다. 이제 한국교회는 2007년 대부흥운동을 꿈꾸면서 다음의 다섯 가지 부흥과 영적 각성운동이 전개되어야 할 것입니다.

(1) 말씀으로 돌아가는 21세기 종교 개혁운동이 전개되어야 할 것입니다 (느 8:1)

1517년 10월 31일 독일의 비텐베르크 게시판에 붙여진 95개조의 항의문은 거짓과 형식으로 변질된 중세 기독교회를 말씀으로 되돌아가 사도행전에 나타난 원초적인 기독교회로 회복하게 하는 위대한 전환점이 되게 하였습니다. 1907년 평양대부흥운동이 일세기를 맞이하게 되는 2007년 부흥운동은 무엇보다도 한국교회의 병리현상들을 척결하고 다시 한번 한국의 초대교회로 돌아가는 이 시대의 종교개혁 운동이 되어야 할 것입니다. 현대 교회의 지도자들과 성도들의 양심과 윤리는 세상 사람들과 차별화 되지 않는다고 합니다. 세속화가 진행되면서 누가 기독교인인지 아닌지를 구분할 수 없는 안타까운 상황으로 치닫고 있습니다. 그렇다고 하여 한국교회의 개혁운동이 도덕 재무장만을 강조하는 것은 잘못된 시각입니다. 한국의 현대 교회들이 왜 그처럼 침체되고 약화되었는지 그 근본 배경을 깨달아야 됩니다. 한국교회의 침체는 무엇보다도 복음의 혼잡화 현상에서 그 이유를 찾을 수 있습니다. 학원 복음화운동과 젊은이 목회의 선구자인 삼일교회 전병욱 목사는 최근 한국교회의 변질을 복음전파의 혼잡화에서 찾고 있습니다.

어떤 설교자들은 복음에다가 심리학을 섞어버렸습니다. 또 어떤 목회자들은 복음에다가 사회학을 섞어버린 자들도 있습니다. 심지어 말씀주의보다는 인기 배우들이나 가수 등을 세워놓고 간증 듣기를 더욱 좋아합니다. 의과대학의 교수를 초청하여 사경회보다는 건강세미나 하는 것을 더욱 선호하는 한국의 교회가 되고 말았습니다.

학사 에스라를 중심으로 한 이스라엘 백성들의 종교개혁 운동은 백성들 모두가 다 수문 앞 광장으로 나와서 모세의 율법책을 에스라가 강론하므로 시작되었습니다. 1907년 평양 대 부흥은 평양 장대현교회의 사경회와 성경공부를 통해서 시작되었습니다. 2007년 대부흥운동 역시 하나님의 말씀으로 돌아가서 말씀 중심한 사경회와 성경공부로부터 다시 출발할 수 있어야 되겠습니다.

(2) 크고 강대하신 하나님을 찬양하고 감사하는 믿음을 갖어야 합니다 (느 8:6)

느헤미야 8장 6절의 말씀을 보면, 에스라가 광대하신 하나님 여호와를 송축 하였다는 말씀이 기록되어 있습니다.

지난 날 한국교회와 우리 민족공동체들에게 베풀어 주신 광대하신 여호와의 은혜를 송축하며 찬송하고 감사드려야 합니다. 백이십여 년 전에 한국에 와서 복음을 전파하였던 선교사들의 기록에 의하면 그들이 보았던 조선 백성들은 무척 게으른 민족이라고 묘사하였습니다. 양반들은 양반이라고 일하지도 않았고, 종들은 주인들이 보는 데서는 열심히 일하는 척 하다가 눈에 보이지 않으면 놀기만 하는 게으른 백성들이 서구 선교사들의 눈에 비친 구한말 한국 백성들의 삶의 모습이었습니다. 그러나 6.25의 극심한 전쟁의 폐허 그리고 그 힘든 60년대 보리고개를 지나서 새마을 운동을 거치면서부터 한국인들의 기질은 변하게 되었습니다. 열심히 일하고 성실한 사람들로 변모되기 시작했습니다. 80년대부터 서서히 외국 나들이에 나선 한국인들을 가리키는 외국 사람들이 불러 주는 별명은 "빨리빨리" 입니다.

    스피드가 강조되는 21세기에 우리 나라 IT 산업이 괄목할 만한 발전을 이루게 된 배경 중의 하나는 한국인의 "빨리빨리" 기질이 한 몫을 감당하게 되었다는 것입니다. 이제는 경제적으로 세계 12위권을 마크하는 그런대로 잘 사는 나라가 되었습니다. 기독교 선교도 세계 2위를 차지하는 놀라운 기독교 국가로 성장하게 되었습니다. 이처럼 놀라운 은혜를 베풀어 주신 여호와께 감사 드려야 할 것 입니다.

(3) 말씀의 도전 앞에 눈물 젖은 회개 기도가 있어야 할 것입니다
(느 8:9)

수문 앞 광장에 모였던 이스라엘 백성들은 학사 에스라가 강론하는 말씀 선포에 대한 대단한 반응이 나타났습니다. 백성이 율법의 말씀을 듣고 다 울었습니다(느 8:9).

하나님의 말씀을 깊이 묵상하는 사람만이 하나님의 뜻대로 살 수가 있습니다. 말씀을 듣기 전까지는 성도들의 영적인 상황을 제대로 파악하기가 어렵습니다. 그저 자신은 나름대로 상당히 믿음 좋은 크리스천으로 착각하는 경우가 많습니다. 그러나 말씀의 구체적인 도전을 받게 될 때 우리는 자신의 문제점을 깨닫게 됩니다. 그리고 회개의 기도를 하게 됩니다.

사실 우리 한국사회가 부정부패를 척결하고 양심 마비, 도덕 부재의 상황으로부터 새로운 도덕성 회복이 이루어지기 위해서는 하나님의 비상한 간섭이 필요합니다. 민족 전체가 하나님의 존전 앞에 나와서 예배 드리고 말씀으로 도전 받으며 그 말씀을 붙잡고 기도의 무릎을 꿇게 되어야 할 것입니다. 그렇게 될 때 우리 민족의 역사는 바뀌어지게 될 것입니다. 한국교회는 영적 각성의 성령충만한 발전소가 될 것입니다. 또한 한국사

회는 도덕재무장 운동이 나타나게 될 것입니다. 이스라엘 백성들이 수문 앞 광장에 모두 다 나왔던 것처럼 일천만 한국교회 성도들이 모두가 다 영적으로 뜨겁게 뭉쳐서 기도하게 될 때 놀라운 부흥의 운동은 시작 될 것 입니다.

(4) 철저한 성수주일의 신앙으로 재무장되어야 할 것입니다

(느 8:10 하반절)

21세기 한국교회가 직면해야 될 최대의 위기는 주 오일제 근무입니다. 오래 전 금융계통에서부터 주 오일 근무가 시작되므로 기업체의 사원들과 공무원들도 토요 근무가 없습니다. 심지어 초등학교에서도 한 달에 한 번 정도 토요 수업이 없습니다. 그렇게 되다 보니 가장 어려움을 호소하는 계층은 서민들입니다. 두 부부가 공사판이나 시장에서 맞벌이로 간신히 입에 풀칠을 하고 살아가는데 토요일 오전 시간마저 어린 자녀들이 학교에 가지 않게 되면 그 아이들의 양육문제가 어려워지게 됩니다. 저희 교회 주변에 있는 세 개의 초등학교에 공문을 보냈습니다. 어려운 환경의 아이들을 추천해 주라고 했더니 무척 기쁜 마음으로 응해 주었습니다.

수도권이나 도시의 가족들은 주말근무가 폐지됨에 따라서 주말은 의

레이 가족여행을 떠나는 사람들이 증가되고 있습니다. 자연스럽게 신앙생활을 등한히 하는 교인들이 증가하고 있습니다. 하나님께서 지난 백 년 동안 한국교회를 그처럼 축복해 주셔서 기독교 선진국이 되게 하셨습니다. 우리 민족은 경제적으로도 세계 12위권에 진입하게 되었습니다. 이제 그 혹독한 가난과 보리고개가 옛말이 되고, 살만한 시대가 되니까 성도들의 영성은 힘을 잃게 되었습니다.

주일이 되면 예배 참석하는 기쁨보다도 가족과 같이 나들이 가는데 더 재미를 보는 소위 무늬만의 신자들이 증가되고 있습니다. 히브리서 기자는 모이기를 폐하는 어떤 사람들의 습관과 같이 하지 말고 오직 그리하여 그 날이 가까움을 볼수록 더욱 그리하자(히 10:25)라고 권면하고 있습니다.

현대 세속주의 문화와 쾌락의 문화를 극복할 수 있는 비결은 경건생활에 있습니다. 크리스천의 신앙생활의 기초는 주일성수입니다. 특별히 주일 예배 참석을 우리의 생명처럼 소중하게 여기는 영적 무장이 이루어져야 할 것입니다. 주일성수를 생명처럼 여겼던 신원 에벤에셀의 박성철 회장은 중소기업으로 시작했던 그의 사업이 30대 기업으로 성장하는 축복을 받게 되었습니다. 록펠러가 세계 제1의 부자가 될 수 있었던 것은 십일조의 헌신과 더불어 철저한 성수주일의 신앙이었다고 그 자신이 간증하였습니다.

(5) 여호와를 기쁘시게 하는 성도들로 성숙되어야 할 것입니다
(느 8:10절)

느헤미야 8장 10절 하반절은 "여호와를 기뻐하는 것이 너희의 힘이시라고" 말씀하셨습니다. 그렇다면 어떻게 사는 삶이 여호와를 기쁘시게 하는 삶이겠습니까? 최선의 정성을 다하여 예배드릴 때 하나님께서는 기뻐하십니다. 주는 그를 예배하고 그의 인자하심을 바라는 자들을 기뻐하십니다(시 147:11).

우리 주님께서는 아버지께 이렇게 자기에게 예배하는 자들을 찾으시느니라(요 4:23) 말씀하셨습니다. 예배에 대한 성도들의 동기는 우리의 창조주께 영광과 기쁨을 드리는데 있어야 합니다. 분명한 것은 교회에서 드리는 예배만이 예배가 아닙니다. 성경은 "해뜰 때부터 해질 때까지 찬양하라"(시 113:3)고 말씀하십니다. 이 말씀은 예배는 성도의 삶 그 자체가 되어야 한다는 교훈입니다. 하나님께서는 성도들이 계속하여 하나님을 찬양하고 감사 드릴 때 기뻐하십니다. 우리 성도들은 하나님의 하나님

되심을 찬양하고 감사하여야 합니다.

다윗은 내가 노래로 하나님의 이름을 찬송하며 감사함으로 하나님을 광대 하시다 하리니 이것이 소 곧 뿔과 굽이 있는 황소를 드림보다 여호와를 더욱 기쁘시게 함이 될 것이라(시 69:30~31)고 하였습니다.

자식을 자랑스러워하는 부모처럼 하나님께서도 자신이 주신 재능과 능력을 발휘하는 우리의 모습에 특별히 기뻐하실 것입니다. 영화「불의 전차」에서 올림픽 육상선수 에릭은 "하나님이 나를 만드신 목적이 있다."고 말하였습니다. "하지만 그분은 또한 나를 빠르게 달리는 사람으로 만드셨고 나는 달릴 때 하나님의 기쁨을 느낀다."고 고백했습니다.

하나님은 성도들이 진리 안에서 행하는 모든 모습 속에서 기뻐하시고 즐거워 하십니다(요한삼서 4절).

함께 생각해 봅시다.

1. 현대 한국교회가 영적인 침체에 빠지게 된 근본적인 이유는 무엇입니까?

2. 현대 한국교회 성도들이 하나님께 대하여 감사하고, 찬양 드려야 될 구체적인 이유들은 무엇입니까?

3. 수문 앞 광장에 모였던 이스라엘 백성들은 학사 에스라의 말씀 강론을 듣고 어떤 반응을 보였으며, 오늘 우리 한국교회와 성도들은 어떤 신앙적인 삶의 자세가 필요합니까?

4. 21세기 한국교회 최대 위기는 주 오일제 근무입니다. 한국교회가 재무장되어야 할 부분은 무엇입니까?

5. 여호와를 기쁘시게 하는 성도들이 되기 위한 삶의 자세들을 서로 나누어 봅시다.

저자 김성천

학력
총신대학교 신학대학원 졸업
연세대학교(역사교육)대학원 졸업(M.Ed)
아세아 연합신학 대학원 졸업. 교회사(Th.M)
총신대 선교대학원 졸업. 국제사역(Th.M)
미국풀러신학교 졸업. 목회신학박사(D.Min)

교육경력
서경대학교, 웨스트민스터신대원, 광신대학교, 개혁신학대학원,
총신대설교자 전문학교 강사 및 교수 역임
South India Bible College 학장

교계봉사
대한예수교장로회 평서노회장, 여수노회장 역임, C.B.S 전남방송이사,
광신대학교이사, 총신대학교 운영이사, CTS 전남방송 운영위원장,
극동방송 전남방송 설립 추진위원장, 국제라이프 선교회 이사장,
국제기아대책 여수지역이사장 및 회장

목회경력
「한사랑 교회」, 「상명교회」 담임목사 역임
현 「여수제일교회」 담임목사

저서
『비전스토리』(생명의 말씀사)
『초대교회 배경과 역사』(아세아신학사)
『한국초기교회와 하나님 나라 이해』(아세아신학사)
『History and Kingdom of God』(영문판 저서)
『아름다운 인생을 위하여』(은혜출판사)
〈영어 예배 인도서 및 기도문〉
　　　『Prepare for English Worship Service』(은혜출판사)
『고난을 승리로 바꾸는 12가지 믿음의 법칙』(은혜출판사)

논문
초기 한국개신교회와 민족운동(연세대 역사교육석사)
초기 한국교회에 나타난 하나님 나라 이해(A.C.T.S 역사신학석사)
설교가 선교지향적 목회리더십에 끼치는 영향(총신대 선교신학석사)
구원론적 설교가 교회성장에 끼치는 영향(Fuller 신학교 목회신학박사)

아름다운 한국교회 역사와 신앙

인 쇄 일 | 2006년 4월 30일
발 행 일 | 2006년 5월 10일

지은이 | 김성천
펴낸이 | 장사경

펴낸곳 | Grace 은혜출판사
출판등록 | 제 1-618호(1988. 1. 17)
주소 | 서울 종로구 숭인2동 178-94
전화 | 744-4029
팩스 | 744-6578, 080-023-6578
홈페이지 | www.okgp.com
e-mail | okgp@okgp.com

ⓒ 2006 Grace Publisher, Printed in Korea

ISBN 89-7917-742-9   03230

은혜기획
기획에서 편집(모든 도서)까지 저렴한 가격으로 출판대행
모든 인쇄(포스터 · 팜플렛 · 광고문) 등을 저렴한 가격으로 제작대행

Tel : 744-4029   Fax : 744-6578
http : // www.okgp.com   e-mail : okgp@okgp.com